Paris
1. 12 97

Monsieur l'Ambassadeur
et cher Jacques Ney

Merci d'avoir été avec nous
et bœux fervents.

Données de catalogage avant publication (Canada)

Roy, Jean-Louis, 1941-

  Le Pèlerin noir

  (L'Arbre HMH)

  Comprend des réf. bibliogr.

  ISBN 2-89428-254-0

  I. Titre II. Collection.

PS8585.O898P44 1997   C843'.54   C97-941113-0
PS9585.O898P44 1997
PQ3919.2.R69P44 1997

*Les Éditions Hurtubise HMH remercient le Conseil des Arts du
Canada de l'aide apportée à son programme d'édition et remercient
également la SODEC pour son appui.*

Illustration et maquette de la couverture :
Olivier Lasser

Composition et mise en page :
Lucie Coulombe

Éditions Hurtubise HMH Ltée
1815, avenue De Lorimier
Montréal (Québec)
Canada H2K 3W6

ISBN 2-89428-254-0

Dépôt légal : 4ᵉ trimestre 1997
Bibliothèque nationale du Québec
Bibliothèque nationale du Canada

Imprimé au Canada

Le Pèlerin noir

Jean-Louis Roy

Le Pèlerin noir

récit

HURTUBISE
HMH

COLLECTION L'ARBRE

*Puisse ton action avoir un effet
comparable à celui de la graine
de baobab.*

Proverbe Peul

L'Afrique médiévale (du VIIe au XVe siècle)

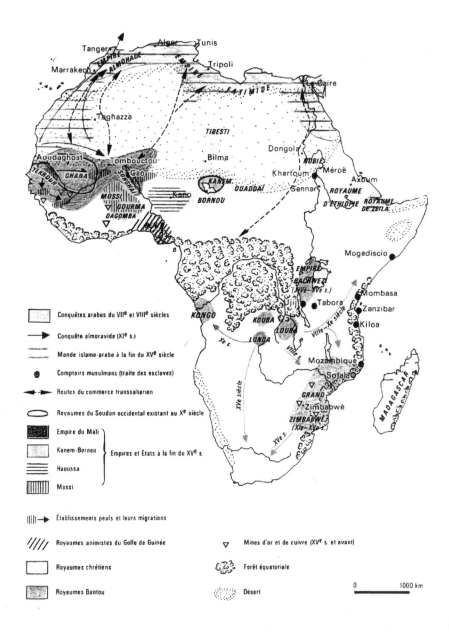

Conquêtes arabes du VIIe et VIIIe siècles

Conquête almoravide (XIe s.)

Monde islamo-arabe à la fin du XVe siècle

Comptoirs musulmans (traite des esclaves)

Routes du commerce transsaharien

Royaumes du Soudan occidental existant au Xe siècle

Empire du Mali

Kanem-Bornou

Haoussa

Mossi

Empires et États à la fin du XVe s.

Établissements peuls et leurs migrations

Royaumes animistes du Golfe de Guinée

Royaumes chrétiens

Royaumes Bantou

Mines d'or et de cuivre (XVe s. et avant)

Forêt équatoriale

Désert

0   1000 km

Introduction

Ce livre reconstitue une histoire singulière dont quelques éléments sont connus avec certitude. En 1323-1324, un jeune aristocrate africain, le Kankan Moussa, roi de Niani, accomplit le pèlerinage à La Mecque avec une suite de huit mille hommes, douze mille selon certains. L'aventure est sans précédent : traversée des déserts du Sahara et d'Arabie ; rencontres et discussions avec d'autres pèlerins en provenance de Fès, de Marrakech, de Kairouan, de Tunis, de Jérusalem, de Bagdad, de Tabriz, d'Ispahan, de Byzance et aussi de l'Inde lointaine ; séjour prolongé au Caire, l'une des premières villes du monde au plan économique, culturel et intellectuel et au centre d'un empire rayonnant ; audience avec le Sultan du Caire aux commandes de cet empire, discussion avec le Calife de Bagdad, la plus haute autorité de l'Islam et accueil des géographes, hommes de science et homme de foi les plus illustres du temps.

Avec eux tous, le Kankan Moussa explore l'état du monde, découvre les technologies nouvelles, interroge les systèmes politiques. Bref, sa longue traversée du monde lui donne accès au savoir disponible, savoir sacré et savoir profane.

D'innombrables domaines d'intervention alimentent cet ensemble considérable de rencontres et ses réflexions : de la gestion publique au monde de transmission du savoir, de l'organisation du système judiciaire à la production culturelle, des droits des minorités à la défaite des adorateurs de la croix.

Ces rencontres le conduisent par l'esprit en Asie où l'effondrement de l'Empire Mongol redonne à la Chine son statut de puissance régionale et mondiale, en Inde où le sultanat de Delhi cherche à s'étendre de Madura à la frontière du Cachemire, au Maghreb où domine la novation intellectuelle et des choix politiques ambitieux, en Occident affaibli par la peste, la famine et la pauvreté, ainsi que par la multiplication des conflits locaux et l'échec des croisades. En contre partie, elles conduisent ses interlocuteurs en Afrique, sa terre et sa référence.

La longue traversée du monde par le Kankan Moussa est aussi marquée d'événements imprévus : certains d'ordre personnel, d'autres liés aux aléas d'un voyage certes planifié avec soin, mais jalonné aussi de drames et de bonheurs, de découvertes et de rencontres extraordinaires.

L'Afrique de ce temps occupe une place centrale dans le récit qui suit. En tournant cette page, vous vous retrouverez à Niani, capitale de l'Empire du Mali, à la veille du départ de son roi sur les routes du monde en direction du Caire et de La Mecque.

Depuis l'avènement du Roi, jamais on n'a vu un tel rassemblement des peuples de l'Empire. La ceinture de la ville est comme doublée d'une écharpe de campements bigarrés, de villages imprévisibles rendus irréels dans le brouillard permanent né des feux de mille campements. Du haut du Niani Kura, le spectacle est grandiose. La plaine profonde est habitée jusqu'aux douces collines fermant la cité royale, la fermant et la protégeant.

Des milliers de voyageurs ont franchi les distances les plus grandes et convergé vers Niani.

Ils sont venus des terres de la côte de l'Atlantique ou de Gao, la magnifique, à l'autre extrémité de l'Empire, de Oualata à la frontière du Sahara, mais aussi des provinces du Sud protégées par les forêts continentales. Ils sont venus de Kounbi-Ghana, Tombouctou, Djéné, Bitou, Tekrour, Kano et de toutes les grandes villes du territoire.

La route du Manden depuis le Nord et celle des Sarakollé depuis le Nord-Est sont encombrées de caravanes. Le grand fleuve Jankarani est saturé de centaines de pirogues.

De mémoire d'homme, les plus anciens griots en témoignent, jamais les peuples de l'Empire n'ont marqué leur allégeance, témoigné de leur fidélité au Roi avec une telle unanimité, et transporté autant de richesses.

Les chefferies des peuples formées en délégations sont reçues au Palais en grande pompe. Fixées avec minutie, les cérémonies se déroulent selon un protocole ancien, simple et majestueux.

Une haie de trois cents cavaliers malinkés trace un large couloir dans la grande cour d'honneur pouvant accueillir plus de cinq mille personnes.

À l'approche d'une délégation, le corps des musiciens royaux installé à la droite de la grande porte fait vibrer l'espace de ses mélodies brèves et puissantes. L'ensemble comprend quinze flûtistes, quarante balafonistes, vingt-cinq tambourineurs d'aisselle, et vingt gonciers de tam-tam.

Les gens de la cour se tiennent à la gauche du portail royal, leur nombre varie selon l'importance des délégations.

Membres de la famille royale, maître du Palais, chef de la cavalerie, chef des esclaves de la couronne, chef des forgerons, gardien du trésor, griots, marabouts et, à leur tête, un fils de la haute noblesse faite des grandes familles de l'Empire, les Condé, les Traoré, les Camara, les Cissé, les Doumbia et encore les Keita.

Derrière la haie des cavaliers, sur leur palefroi, un petit peuple entre en danse et en transe et lance des cris stridents.

Devant le portail, les gardes du Palais forment une frontière étanche entre le monde et le Roi, l'Empire et son centre dominant le fameux triangle entre la mer, la forêt et le désert.

L'arrivée d'une délégation dans la cour d'honneur est saluée de diverses manières. Les cavaliers lèvent leurs armes vers le ciel. Les chevaux se tiennent en équilibre sur leurs pattes arrière, leurs grands manteaux rouges bordés de fil d'or tracent une ligne lumineuse sur les hautes murailles blanches. Au tambourinage du corps des musiciens royaux répond celui des visiteurs. Au bruit rythmé des uns succède le bruit des roulements des autres. Ce dialogue rejoint les visiteurs et leurs hôtes. De fortes invocations marquent ainsi la joie de leur rencontre.

Le grand chambellan s'approche du chef de délégation et le salue au nom du Roi par les mots venus du Prophète[1] :

«Pour vous il fit de la terre une couche,
Du ciel une voûte ;
Du ciel, il fit descendre de l'eau
Et par elle il fit sortir des fruits
Qu'il vous attribue.
Ne donnez pas à Dieu d'égaux,
Maintenant que vous savez...»

Fidèlement, l'interprète traduit le salut royal et l'invocation à Allah.

La cour du Roi de Niani compte un corps d'interprètes capables de décoder plus de deux cents langues parlées dans l'Empire. Capable aussi d'assurer la communication avec l'autre monde, celui de l'au-delà du désert, celui de Fès, de Marrakech, du Caire, de Bagdad, de La Mecque, où domine la langue du message, la langue du Prophète.

---

1. Coran, II, 22.

Les tambourineurs et les balafonistes prennent la relève : des danseurs s'exécutent. La délégation sait qu'elle est la bienvenue. Un griot s'avance vers le chef de délégation. Son discours dure une heure ou davantage.

Il retrace l'origine, cite les ancêtres du Roi, ses prédécesseurs illustres, la *sogoma* des liens unissant la famille royale et les nations dont les représentants sont venus jusqu'à Niani en signe d'allégeance.

Le récit fait sa part aux guerres perdues ou gagnées, aux alliances stratégiques, aux mariages fameux, aux emprunts dans les lois et les manières de faire. Les généalogies, les cataclysmes naturels, les invasions des grands troupeaux, les grands voyages : tous ces matériaux sont évoqués avec clarté et précision.

L'ordonnancement du discours se déploie dans les siècles.

Sont placés dans l'ordre la mouvance des frontières, les envois d'esclaves, les réserves d'or, de cuivre, de fer, de sel en barres, de tissus fins, les évolutions des royaumes et la rigueur des traités.

Les faits sont expliqués y compris les inexplicables ; ces forêts sacrées se déplaçant pour suivre leurs peuples ; ces rivières s'enroulant comme une peau de serpent pour former sources et points d'eau ; ces pêches miraculeuses faites dans des étangs grands comme l'ombre d'une cora ; ces animaux venus combattre l'ennemi, et tant d'autres faits remarquables gardés précieusement dans la mémoire.

L'interprète reprend chaque pause, chaque intonation, chaque silence. Toutes les nuances, le choix des termes, l'exactitude des titres, l'identification des noms, la précision des repères, traduisent la longue maîtrise, puissante et délicate, des rapports entre le centre et les peuples de l'Empire, la paix et les guerres, la domination et les humiliations.

La couleur du récit importe.

De retour dans leurs pays lointains, les visiteurs la reconstitueront pour les leurs, fidèlement et précisément, identifiant chaque événement, chaque action, chaque fait dans l'ordre même fixé par le griot, faisant sa place au moindre développement, à la moindre digression. Telle une plaidoirie acquise pour les temps à venir, l'exposé est fixé à jamais dans la mémoire, ce récipient de tous les pardons et de toutes les ripostes.

Le chef de délégation prend la parole à son tour.

Il célèbre la grandeur du Roi, nomme les pays traversés jusqu'à Niani, les fleuves et les montagnes, les chefs rencontrés, la dimension des caravanes et des troupeaux croisés, la prospérité des peuples de l'Empire. Il enrichit son récit des vérités immatérielles ayant marqué les étapes de son voyage, ces moments de grâce, de crainte et de joie.

Le discours est soigné, sobre, sérieux. Il appelle le consentement des compagnons. Ces derniers le manifestent d'une façon réglée, rythmique sans tapage inutile, sinon à la toute fin, par l'accompagnement des tambourineurs dans une chute emphatique et criarde.

La grande cérémonie est reprise deux fois par jour. Elle le sera chaque jour durant deux mois.

L'étape des offrandes précède l'audience avec le Roi. Ces offrandes incluent le plat de couscous à la fumante.

En raison de l'importance et de la signification des événements, ce sont de vrais trésors qui s'accumulent dans les grandes voûtes du Palais : huit cents barres d'or et l'équivalent en poudre, cinq cents jarres d'huile de palme, mille mesures de riz, une pleine chambre de coton, trois cents mesures de miel, une grande collection de poteries fines, mille huit cents sacs de cauris, deux mille anneaux de cuivre. Deux cents pirogues aussi et plus de mille cinq cents animaux dont près de quatre cents dromadaires. À ces trésors s'ajoutent un grand nombre de jeunes femmes pour égayer les nuits des étrangers, jeunes femmes offertes en cadeau d'hospitalité.

Depuis des mois autour du grand chambellan, une équipe disciplinée a préparé ce temps exceptionnel.

Des logements des chefs de délégations à l'approvisionnement en vivres, du déroulement des audiences royales à l'ordonnancement des cortèges, du service d'ordre dans la capitale au calendrier de travail des interprètes et des griots, tout a été prévu avec soin et grande attention.

Carte : D.T. Niane

L'EMPIRE DU MALI 1325

0 _____ 900 km

Limite de l'Empire

Le Vieux Manden avant SUNJATA

Régions aurifères

Avant chaque audience, le Roi se fait rappeler les titres et la qualité des visiteurs, ainsi que la situation de leur pays d'origine. L'information est précise et va à l'essentiel : situation économique, questions de sécurité et posture de l'autorité locale par rapport au centre de l'Empire.

À l'intérieur du Palais, le protocole accueille les privilégiés choisis pour assister à l'audience royale. L'occasion étant exceptionnelle, les invitations sont sélectionnées avec grand soin, et la composition de l'assistance immédiate traduit la puissance royale.

Dans la grande salle des réceptions, prennent place le représentant du Roi dans le pays des visiteurs, les fils des rois vassaux présents à Niani où ils reçoivent leur formation, le maître du Palais et le premier des Marabouts, le premier des juges, le plus ancien des griots, les représentants de la haute noblesse et la garde rapprochée du souverain.

Du côté de la grande cour d'honneur, la délégation restreinte se constitue. Elle comporte obligatoirement le plus ancien et le plus jeune des envoyés pour marquer la durée, le passé et l'avenir de l'appartenance à l'Empire. Les armes sont déposées, ainsi que les sacs de voyage, l'ordre de préséance est établi, les consignes lentement expliquées.

Nul n'est autorisé à prendre la parole devant le Roi, à moins d'une demande expresse de ce dernier.

Nul n'est autorisé à se retirer durant l'audience royale.

Nul n'est autorisé à quitter le groupe durant le déplacement à l'intérieur de l'enceinte du Palais.

La délégation restreinte pénètre dans le vaste périmètre et découvre l'ampleur de la ville royale.

Fait de plus de trente habitations à toit conique entourant une mosquée de haute prestance, l'ensemble est d'une grande harmonie, d'une grande propreté et d'un grand calme.

L'effet de contraste est saisissant, entre l'effervescence de la ville, le bruissement de la foule, les cris des animaux au grand marché, la vitalité du port, le sifflement des forges et les bruits d'enclumes dans le quartier des fabricants de pesées, et l'espace de sérénité et de douce assurance qui règne dans l'enceinte de la cité royale.

Le parcours est plus long qu'il ne paraît. La salle de réception du trône est adjacente à la résidence royale, et cette dernière protégée par une double enceinte circulaire.

La délégation est admise dans la grande demeure. Corridors, escaliers et salles se succèdent. Nul étranger ici ne peut seul trouver sa route dans cette espèce de labyrinthe blanc et sombre.

On accède à la grande salle par une descente étroite qui ne laisse passer qu'un visiteur à la fois. Cette descente conduit directement à la grande salle déjà occupée par les gens de la cour et les invités du souverain.

De larges ouvertures laissent entrer une franche lumière. Contrairement aux autres pièces du Palais, le sol ici n'est pas fait de terre naturelle mais recouvert de nattes tissées, déroulées jusqu'au trône. Sous ce dernier, un grand tapis rouge sépare l'espace royal du reste du grand hall. Le plafond en forme de coupole repose sur de larges poutres sculptées qui portent aussi de petites voûtes aux formes parfaites et identiques. Les mêmes bois travaillés de la même manière vont du sol vers le plafond et composent une double colonnade qui se referme en se rejoignant derrière le trône. Du côté des lieux des audiences, deux étages de fenêtres, celles du bas recouvertes de plaques d'argent, celles du haut garnies de lames d'or ou de vermeil. Les jours d'audience, les rideaux de laine sont levés et le fanion royal hissé.

Ici, dans cette salle magnifique, sont venus les grands de l'Empire, les rois vassaux, les gouverneurs de province, les ambassadeurs des États lointains, des lettrés dont les lignées seront célèbres, de simples gens aussi méritant la reconnaissance royale ou recherchant sa justice ultime.

Les visiteurs, à peine installés, la petite porte derrière le trône s'entrouvre. Le Roi fait son entrée et s'installe.

L'homme est jeune et plutôt grand. Il marche lentement. Vêtu d'une ample tunique rouge, il porte une calotte d'or fixée par une bandelette également d'or, dont les extrémités sont effilées à la manière de couteaux et longues de plus d'un empan. Il tient une badine incrustée d'argent et de nacre et porte son carquois sur le dos. Il le laisse reposer sur son épaule gauche telle une antenne en direction des ancêtres et des cieux. Dès qu'il est assis, on bat les tambours, on donne du cor et on sonne les trompettes.

Le plus ancien conseiller royal présente une simple calebasse au Roi. Ce dernier répand quelques gouttes d'une libation sur le sol pour remercier la terre mère de sa fécondité et salue ses visiteurs en levant le récipient au niveau de son visage impassible. Alors, toutes les personnes présentes ôtent leur turban pour écouter le souverain. Ce dernier d'adresse à eux à travers un interprète, la tradition excluant qu'il s'adresse directement à ses sujets.

«*Soyez les bienvenus.*

Vous êtes ici sous ma protection et mon affection.

Comme vous le savez, nous avons décidé de faire le saint pèlerinage de La Mecque et de visiter le tombeau du Prophète afin de remercier la divinité pour la prospérité qui marque notre temps, afin de mettre notre royaume sous sa protection auguste et d'acquérir ce surcroît de paix que donne à tous les hommes l'accomplissement du pèlerinage.

Soyez les bienvenus.

Vous êtes ici sous ma protection et mon affection.

Pour un temps, je m'éloignerai de vous. Mais cette distance scellera notre alliance en écartant l'adversité, les guerres entre les hommes, la stérilité des sols et les maladies du bétail.

Le pèlerinage purifie les cœurs et les esprits. Il constitue l'initiation la plus haute, celle qui conduit à la compréhension de la volonté supérieure, le lien vital entre notre regard et la lumière intérieure.

Soyez les bienvenus.

Vous êtes ici sous ma protection et mon affection.

Je connais la lignée de vos chefs. Sous le règne de mon ancêtre, le Mensa Sandjama, nos pères ont arrêté le pacte qui nous gouverne toujours. Je compte sur votre loyauté et vous pouvez compter sur mon patronage.

Depuis ce temps, il faut bien compter plusieurs générations. Nulle agression, nulle dépravation, nulle oppression ne se sont abattues sur notre peuple.

Les tyrannies extérieures n'ont pas franchi le seuil de nos terres et de nos esprits. Toutes tentatives visant à nous asservir ont été vaincues par nos forces conjuguées.

Nos pistes sont saines, nos pâturages, nos pâtis, nos herbages protégés, notre bétail aussi. Les surplus de nos récoltes sont acheminés vers les grands marchés du Nord par des voies d'eau et des pistes sécurisées.

Les fils de vos chefs sont auprès de nous avec nos fils à l'école du Palais. Nous les avons confiés à des lettrés venus de royaumes amis que notre voyage nous permettra de connaître. Nous y observerons les arrangements communs, soucieux de nous en inspirer dans la mesure où ils pourraient contribuer à notre bonheur et à notre prospérité commune.

Bref, notre alliance a produit bonheur et prospérité.

Nous devons ensemble les conforter comme nos pères et les pères de ces derniers et assurer leur pérennité pour les fils de nos fils aussi loin que nous pouvons imaginer le temps.

Quand vous serez à nouveau dans vos familles, dites à tous que le Roi est en route vers le pays du Prophète, emportant avec lui le souvenir de notre rencontre qui scelle à nouveau notre pacte sacré et la ferveur de notre estime commune. »

Le représentant du Roi dans le pays des visiteurs remercie le souverain et lui présente le chef de la délégation. Ce dernier enlève ses vêtements et son turban, s'avance avec soumission, frappe la terre de ses deux coudes puis, après avoir parlé, jette de la poussière sur sa tête et sur son dos comme on le fait avec l'eau pour les ablutions. Il s'adresse au souverain à travers un premier intermédiaire qui, lui-même s'adresse à un second intermédiaire et ce dernier au Roi.

Le plus ancien des griots fixe la rencontre dans la chronologie, dans la mémoire du temps.

À la fin des discours, le souverain, d'une courte phrase met fin au dialogue. Alors les *djontâ*, ces fameux griots à la mémoire prodigieuse masqués de têtes d'oiseaux au bec rouge en bois, se placent devant le souverain. Ils l'admonestent en rappelant les faits et gestes glorieux de ses ancêtres, les rois, ses prédécesseurs. Ils l'abjurent d'en faire autant, de telle sorte qu'on puisse célébrer sa gloire après sa mort.

La délégation refait le long circuit, remonte l'escalier étroit, traverse les couloirs et les grandes salles vides, franchit la double enceinte circulaire de la résidence, traverse les nombreuses places unifiant la ville royale et se retrouve dans la cour d'honneur.

Le grand chambellan salue les visiteurs une dernière fois.

Les tambourineurs et les balafonistes lancent leurs rythmes dans la nuit. Les cavaliers lèvent leurs armes vers le ciel, mouvement rendu plus spectaculaire par la force des chevaux qui tiennent sur leurs pattes arrière.

On dit que plus de cent délégations ont été ainsi reçues par le Roi à l'occasion des fêtes entourant son départ pour La Mecque.

Dans la mémoire des hommes venus à Niani pour cette fête grandiose, aucun événement de leur vie n'aura cette portée. Ici sont rassemblés tous les seigneurs d'un royaume immense, des seigneurs riches et puissants autour d'un homme singulier, à la veille de son départ pour la Terre sacrée.

Sage parmi les sages, le chef du clan des Condé a reçu du Roi le mandat considérable de planifier le voyage du souverain. Depuis plus de quinze mois, le Bala Fasseka, entouré de quelques fidèles, fait sa part aux formidables exigences d'une entreprise politique et religieuse dont l'ampleur lui était inconnue quand il accepta l'instruction royale.

Il lui faut concilier les exigences du souverain, le caractère religieux du déplacement et la nature stratégique et diplomatique d'un long périple accompli par un homme d'État parmi les plus puissants du monde.

L'instruction royale fixe l'itinéraire. En conseil, le Roi a évoqué la route qu'il souhaite emprunter et le sens de ce voyage unique.

« Nous savons par les récits de nos pères et grands-pères, les comptes rendus de nos ambassadeurs, les exposés de nos visiteurs, et les chroniques diverses entendues, qu'entre notre ville de Niani et la ville sacrée de La Mecque, de grandes cités et de puissants royaumes existent.

Nous souhaitons connaître leurs mœurs, leur histoire, leur capitale et leur Chef.

D'une expérience directe et personnelle avec ces derniers, nous désirons conforter ou établir des liens et des accords féconds. Vous devrez en conséquence nous aménager un itinéraire qui nous conduise au-delà de nos villes de Djéné et de Tombouctou que nous reverrons avec joie, à Fès, Marrakech, Kairouan, Alexandrie, Le Caire. Puis, nous irons à la rencontre du Prophète à Médine, et à la rencontre du Très Haut à La Mecque.

Tout au long de notre parcours, nous voulons entendre l'histoire et les enseignements du Prophète. Ceux aussi de ses compagnons et des Saints de l'Islam.

Rien pour nous n'est plus doux que ces récits. Ils sont la nourriture de notre esprit.

Nous demandons à notre frère Condé de construire notre voyage.

Nous nous confions à lui pour l'une des entreprises les plus essentielles de notre vie, mais aussi pour nos peuples et notre Empire.»

Le jour même, Condé a réuni quelques fidèles conseillers représentant les principaux clans, les plus importantes familles des marabouts, la caste des militaires et des Imams.

«Notre Roi a décidé de se rendre à la Mosquée très sainte pour y accomplir les rites du pèlerinage et visiter le tombeau du Prophète.

Je vous ai convoqués pour vous entendre, pour définir avec vous la nature de la délégation royale et fixer le calendrier des préparations requises.»

La discussion dura plus de dix jours. Puis, le sage Condé rendit compte au Roi.

Il fut décidé que huit mille hommes accompagneraient le Roi et que quatre mille dromadaires seraient requis.

Une grande ambassade sera envoyée dans les plus brefs délais auprès des rois vassaux ou indépendants dont les territoires seront traversés par le cortège royal. Chacune des capitales, y compris les villes de La Mecque et de Médine, sera visitée pour annoncer la venue du Roi, préparer les entretiens avec le Sultan du Caire, l'homme le plus puissant du monde, le calife de Bagdad, le chef de tous les musulmans et le cheikh de la Mecque, le gardien immédiat et l'animateur des lieux saints, arrêter l'agenda des rencontres, fixer les résidences royales et les lieux de séjour de son abondante suite, et régler les questions de sécurité.

La composition de l'ambassade répond à cet ensemble d'exigences. On y trouve d'anciens ambassadeurs, cinq Imams, des chefs de la garde et de la maison royale, des notables ayant accompli le pèlerinage et l'adjoint du médecin personnel du souverain.

Il est décidé qu'une délégation sera installée dans chacune des trois villes majeures que visitera le Roi, Le Caire, Médine et La Mecque.

Cette dernière quitte Niani à la fin des récoltes, dans les derniers jours d'octobre. Elle sera de retour l'année suivante, juste avant les grandes crues et la reprise de la navigation sur les grands fleuves du royaume.

Il est décidé aussi que tout l'Empire doit être associé aux festivités à venir marquant le départ du Roi. En conséquence, les gouverneurs des provinces et les rois vassaux reçoivent instruction de mettre au point des délégations conséquentes et de les faire voyager jusqu'à Niani après les récoltes de l'année suivante. On espère aussi réunir dans la capitale plus de cent mille personnes venues de chaque région du royaume.

Enfin, le sage Condé suit avec grand soin deux composantes du pèlerinage royal auquel il attache la plus grande importance :

D'abord la question posée par la sécurité intérieure du royaume durant l'absence prolongée du souverain. Ensuite l'ensemble des préparatifs du voyage.

Il s'agit en vérité de la population d'une grande ville qui se déplacera à travers les déserts et les royaumes du monde durant plus d'une année.

Il s'agit du bien-être et de l'aisance de la personne du Roi.

Il s'agit du rayonnement de l'Empire.

Le Roi refuse d'aborder le premier sujet.

En d'innombrables audiences, le vieux Condé a cherché à convaincre son souverain de l'importance d'assurer la sûreté et l'intégrité de l'Etat durant son long éloignement.

« Vous savez la dimension du royaume et la diversité des peuples qui l'habitent, les coalitions toujours présentes dans les esprits, l'intransigeance des uns, la défiance des autres.

Certes nos gouverneurs vous rassurent, mais ils rappellent aussi les dangers et l'insécurité latente dans certains cas.

Les peuples du Nord sont riches en chameaux et moulins. Ils sont fiers dans la foi, libres dans leur mouvement et très largement dans leurs choix. Leur allégeance est plus formelle que réelle.

Ils le savent et nous le savons.

Ils circulent sans contrainte, indépendants et souverains jusqu'aux lignes de mousse, aux taches d'herbes et aux massifs de buissons.

Je ne crains pas le désordre de ce côté. Cependant la prudence doit nous guider. Les tribus se regroupent en confédération, et leurs exigences ne font que croître.

Le risque ne vient pas du Sud. Nous contrôlons les peuples jusqu'aux grandes forêts. L'Empire les a enrichis par ses besoins de baobab, de karité et de kapotier. La kola, l'huile de palme et l'or de Bitou sont toujours en grande demande.

Même si leur croissance est continue, leur production ne comble pas les besoins de l'Empire et, en conséquence, les prix sont élevés et soutenus.

Les habitants des provinces centrales sont vos premiers sujets, et, jusqu'au lac de Koussa, ils vivent dans une paix apparente conditionnée par la sécurité des fleuves et des routes, l'accessibilité des grands marchés, la force du commerce et la modération des impôts.

Mais cet équilibre ne dépend pas seulement de nous. Il vient de l'abondance et de la qualité des récoltes, de la mesure des crues, de la demande générale, de la sécurité aux frontières, d'une harmonie qui dépasse nos forces.

Le long du fleuve, les villages sont rapprochés et les mauvaises nouvelles ressemblent au bruit soudain et assourdissant des rapides gonflés de Sotubo à Bamako. Ils remplissent les esprits de brouillard.

Faut-il rappeler la soudaine révolte des bateliers Bozo il y a trois ans à peine, le retrait des dix mille pirogues des eaux, les ports et les marchés vides, les émeutes à Djéné et à Tombouctou?

Certes, la paix règne dans ce cœur du cœur de l'Empire, mais cette paix est un bien périssable.

Le danger vient d'ailleurs. Il vient des peuples de l'Ouest, des peuples de la mer.»

Le Roi demande à réfléchir et évoque la protection d'Allah.

Quarante membres du conseil gardent le silence.

Cet étrange climat est doublé d'une formidable stratégie dont le souverain est pleinement informé.

Durant son pèlerinage, la régence sera conseillée par une chambre des anciens, composée des seigneurs locaux. Selon une alternance et un dosage savants, les royaumes et les provinces de l'Empire seront vidés de leur chef, pour rendre impossible toute coalition, toute alliance destructrice.

Des missions spéciales, véritables troupes de surveillance, seront déployées dans les territoires les plus difficiles. De trimestriels, les rapports des provinces deviendront mensuels, et l'on n'hésitera pas à exiger déplacements et longs séjours dans la capitale.

Bref, l'absence prolongée du Roi sera compensée par une présence continue de l'autorité royale. D'ailleurs tout au long du déplacement du souverain, ce dernier sera tenu informé des événements, des situations et des difficultés par un important dispositif de coursiers qui, au retour, apportera messages, requêtes, remontrances et félicitations du Roi dans toutes les provinces du royaume.

Contrairement aux avis venus de plusieurs chefs des grandes familles, le vieux Condé n'attend pas le retour de l'ambassade spéciale pour lancer les préparatifs du pèlerinage royal.

Il rassemble autour de lui les fils aînés de la haute noblesse et les écoute pendant des jours.

Ses petits yeux enregistrent les émotions retenues, les nuances dans la volonté, les silences des uns et les exaltations soudaines des autres.

Il connaît tout de l'histoire de leurs pères, grands-pères et arrière-grands-pères.

Mais tous ceux qui sont là installés sur leur natte, il a besoin de pénétrer leur esprit, de mesurer avec précision le jugement de ces hommes plus jeunes sur l'initiative royale, et aussi de maîtriser les forces et les faiblesses de cet aréopage d'héritiers.

«Notre Roi a décidé de se rendre à la Mosquée très sainte, d'y accomplir les rites du pèlerinage et de visiter le tombeau du Prophète.

Je vous ai convoqués aujourd'hui pour vous entendre, pour définir avec vous la nature des préparatifs, le caractère et la qualité de ce qui doit être mis en œuvre pour assurer le déplacement de notre Roi et des huit mille hommes qui l'accompagneront.

L'itinéraire vous est connu et le calendrier est maintenant quasi définitif.

Une ambassade spéciale a fait la longue route de Niani à Djéné, Tombouctou, Marrakech et séjourne présentement à Kairouan. Elle voyagera jusqu'à Médine en passant par Alexandrie, Le Caire et la ville sacrée. Ses travaux nous seront d'un grand secours. J'estime cependant que nous pouvons, dès maintenant, lancer les préparatifs. Certains d'entre vous ont l'expérience des longs déplacements. Votre mémoire des situations et des besoins nous sera d'un grand secours.

Je parle ici des besoins matériels, de l'organisation matérielle du pèlerinage.

Même à l'extrémité de son déplacement, le Roi doit disposer d'un système de coursiers permettant le contact continu avec la capitale, l'administration et ses sujets.

Les problèmes de sécurité vous sont connus.

Certes, nous vivons en un temps particulièrement calme à l'intérieur comme à l'extérieur des frontières.

Ce fait rare crée l'obligation d'une plus grande exigence et non le contraire. Nous avons décidé de porter la garde royale à six mille hommes au cours du déplacement. En tout temps, ils devront former comme une palissade humaine impénétrable, et ainsi garantir la pleine aisance et la sûreté du Roi.

Certains d'entre vous connaissent mieux la complexité de ces arrangements que le vieil homme qui vous parle. Vous me direz s'il faut prévoir une équipe d'éclaireurs, des ententes avec les forces de l'ordre des villes et contrées rencontrées. Et comment assure-t-on la protection du souverain dans les lieux sacrés du pèlerinage ?

Nous avons aussi à mettre au point le dispositif du logement pour le Roi et la suite royale, et de campement pour l'ensemble de l'escorte, bref pour huit mille personnes. Un plan d'accompagnement doit aussi être mis au point visant l'approvisionnement en vivres.»

Les héritiers écoutent avec grande attention le vieux Condé. Son discours est ordonné. Il appelle des réponses, des investissements précis. Chacun à son tour, selon l'ordre des familles, reprend le discours de l'ancien et s'engage dans la mise en œuvre de la volonté royale.

À la tombée du jour, la responsabilité est répartie. Le registre est commun. Il est dans l'esprit de tous et de chacun.

La parole donnée ne sera jamais reprise. Elle est ici tissée dans la trame d'un dessin d'une ampleur considérable, l'union de tous à cette marche du Roi vers le Dieu tout-puissant et le lieu de sa révélation.

Le vieux Condé tient dans son esprit la forme complète du dessin d'ensemble. Il a le sentiment que ce qui vient de se produire est susceptible de satisfaire Allah le très Haut. Il trace dans le sable la forme d'un cercle parfait, lève les yeux et les bras vers le ciel et lance d'une voix douce et puissante la prière préférée du Roi[2] :

---

2. Coran, II, 22.

«Pour vous il fit de la terre une couche,
Du ciel une voûte;
Du ciel, il fit descendre de l'eau
Et par elle il fit sortir des fruits
Qu'il vous attribue.
Ne donnez pas à Dieu d'égaux,
Maintenant que vous savez...»

Tout s'est déroulé pour lui dans un ordre qui ne l'étonne pas. La nuit précédente, il a passé un long temps de prière et de méditation consacré à la parole sainte : «*Nous allons te révéler des paroles d'un grand poids*[3].»

---

3. Coran, II, 22.

Il fut décidé la construction d'une annexe à la cité royale, près du quartier des blancs, pour y entreposer l'ensemble des matériaux nécessaires au pèlerinage. Des commandes placées aux quatre coins de l'Empire, on tient un inventaire rigoureux.

Du Nord, on a reçu mille cinq cents tentes faites de grandes bandes doublées aux couleurs vives et cousues les unes aux autres. D'une longueur moyenne de vingt mètres, ces maisons de laine sont d'une grande complexité.

Chacune repose sur une armature de bois et de cordes faites de laine de chameau réunies par des attaches diverses permettant une grande étanchéité pour se protéger des nuits froides du levant, ou au contraire, permettant un peu d'ouverture pour faire circuler l'air dans les périodes de grande chaleur.

Sur cette armature, on dispose une toiture de laine qui, à chaque bout, se déploie jusque par terre pour former les murs du bout. Les murs de dos et de face sont faits de grandes bandes tissées, décorées magnifiquement et attachées à la toiture de laine par de grandes chevilles de bois. À l'intérieur, des rideaux divisent l'espace, et des tapis blancs servent de lits pour le repos.

Spacieuses, les tentes royales sont décorées avec grand soin. Celle du Roi comporte des médaillons foncés sur lesquels on a brodé la parole du Prophète.

Les divisions intérieures sont faites de bandes de coton blanc enrichies de fines broderies, et le sol est recouvert de somptueux tapis de Kairouan.

La réserve comprend dix mille selles de bois recouvertes de cuir découpé et brodé, une égale quantité de tapis et de sacs de selle alvéolés et colorés. L'habillage des dromadaires doit marquer la puissance et l'importance du pèlerin.

De Baudiagora où se trouvent les plus importantes fabriques de coton de l'Empire, les arrivages sont réguliers et massifs. Les tisserands Maboubé et les Fulani de Khasa doivent livrer quinze mille couvertures de laine, véritable trésor de formes et de couleurs, losanges en chapelet, triangles en cascade, lignes, points et chevrons entremêlent les rouges, les bruns, les jaunes et les noirs. Ces grandes couvertures doivent protéger les voyageurs de l'harmattan, ce vent d'Est, sec et violent, ou de l'alizé, ce vent froid venu du Nord, des vents de sable aussi, cet opaque rideau de poussière chaude.

De l'extrême Ouest de l'Empire, on attend ces tissus colorés et tachetés de jeux de cercles lumineux, des motifs d'encolure, pièces triangulaires ajourées et brodées somptueusement.

De superbes *bâtas* fabriqués à Agadez serviront au transport des effets personnels du Roi. Aucun de ces coffres en cuir – il y en avait bien une centaine – , ne ressemble à aucun autre.

On trouve aussi dans l'annexe des instruments utilitaires : bas tabourets de bois, pelles à braise, longues calebasses à décors pyrogravés, grands plats et urnes blanches et jaunes traversées de rayons ocres, larges paniers en demi-sphère pour le transport du riz, hottes profondes en tresse de fibres tissées, couffins flexibles pour les légumes, mortiers, écuelles, cuillères et louches. Des réserves de plantes médicinales sont aussi entreposées. Toutes les traditions, toutes les habiletés des peuples de l'Empire sont ici rassemblées.

Dans les mois à venir, la magnificence de l'équipage royal, la beauté de l'immense campement construit en quelques heures à la porte des villes, l'abondance et la finesse des objets, la beauté singulière des vêtements étonneront et éblouiront les populations des pays visités par ces hommes noirs venus d'un autre monde.

Le départ du Roi pour son pèlerinage est célébré par des rassemblements dans toutes les provinces de l'Empire : assemblées de devins, récits des griots, sacrifices de génisses, prières dans les mosquées, danses et transes.

De village en village, de ville en ville s'élève une rumeur faite de consultations des ancêtres, de litanies aux Dieux, de patenôtres des femmes et des anciens, de chorégraphies violentes et douces, de dialogues des masques et des marionnettes, de perles et de cauris, de sons de cors et de flûtes, de cora et de balafons.

Tous les dieux de tous les temps, tous les dieux de toutes les races sont invoqués dans des formules communes visant la purification de la route du pèlerinage, celle aussi du cœur des compagnons du Roi et des peuples sur les territoires traversés, celle enfin du Roi lui-même.

L'ordre universel est célébré par tous, ce grand mouvement depuis la création du ciel et de la terre fixant l'alternance des nuits et des jours, le rythme des reproductions, la venue de la pluie, le passage des ouragans propices, la paix des morts et l'exubérance de la vie, les suppliques des hommes, la réponse ou le silence de l'au-delà.

Tels sont les repères pour les pèlerins.

Telle une effervescence de tout l'être devant l'ordonnancement de l'univers, le pèlerin est celui qui accompagne l'offrande, le jeûne, l'aumône et le sacrifice d'une présence dans les lieux les plus sacrés du monde.

Tous les cultes présents dans l'Empire sont mis à contribution en vue d'assurer la plénitude du pèlerinage royal.

On adresse aux dieux et déesses du voyage représentés par des masques sculptés aux yeux exorbités, des paroles rituelles et des offrandes propitiatoires.

Certaines cérémonies se déploient sur plusieurs jours. Chacune représentant une dimension du pèlerinage : départ, sécurité, santé, accueil, protection contre les éléments, les bêtes et les humains.

Ici, on évoque la protection des ancêtres, la clémence des bons et l'éloignement des mauvais esprits. On construit des cases de branches et de feuilles. On y récite des incantations magiques et y accueille les messages de l'au-delà.

Ailleurs, les initiés se rendent en procession près des résidences divines, cavernes, montagnes, tombes des ancêtres et forêts sacrées. Les doyens font des offrandes : réserves de grains, bêtes, calebasses de bouillie, dépôt de boulettes de pain.

Cette étonnante fermentation des corps et des esprits, ce dialogue entre les dieux, les morts et les vivants, ces millions de mots portés par le vent vers le plein insondable, ces harmonies surabondantes forment comme une supplique désordonnée et puissante selon toutes les apparences.

«Qui fait le pèlerinage
Ne cohabite pas, ne faute pas
Ne contourne pas
Quelque bien que vous fassiez, Allah le sait

Approvisionnez-vous
Et de la meilleure provision, le frémissement
Frémissez de moi, ô vous, dotés d'un cœur
Frémissez d'Allah
Sachez-le, vous serez réunis à lui.[4]»

Ce texte sacré n'a jamais reçu une telle adhésion du grand nombre, dans sa connaissance ou dans son ignorance.

À la vérité, chacun dans son cadastre spirituel participe à ce départ, adhère à ce frémissement qui, au jour du relèvement à Jérusalem, départagera les hommes et sublimera ceux qui, parmi la multitude, auront marqué leur consentement aux signes ascendants.

Il y a la longue route du désert vers les villes saintes. Il y a la volonté d'Allah.

L'une et l'autre seront empruntées par le Roi et son cortège.

Mais les pèlerins immobiles peuvent eux aussi aller loin, très loin s'ils adhèrent à la volonté d'Allah.

Le dernier soir avant le départ, le Roi médite sur la figure d'Abraham, la vocation de ce dernier comme chef politique, sa mission aussi de préservation de la foi et son destin scellé par sa mission d'accroître son rayonnement au-delà des frontières actuelles.

Comme Abraham, il va quitter son pays, abandonner pour un temps parents et maison, traverser les terres jusqu'au lieu saint. Il implore la divine clémence et dans l'espérance de la même bénédiction et de la même certitude que celle promise par Yahve à Abraham, il se prosterne une partie de cette nuit unique.

---

4. Coran, II, 197.

Le premier jour de pèlerinage resta gravé dans les esprits pour les temps à venir. Les griots évoquent encore, sept siècles après, les événements et les phénomènes étranges qui se produisirent à Niani ce jour-là.

S'inspirant des écritures, le Roi a souhaité que l'on découpe quatre oiseaux et qu'ils soient portés chacun ainsi démembrés sur les quatre collines de la ville. Puis, il les a appelés en invoquant la puissance et la sagesse d'Allah. Les oiseaux sont revenus dans un halo de lumière insoutenable pour le regard. D'étranges phénomènes accompagnent la cérémonie.

Au moment même où les messagers quittent la ville royale pour aller porter les oiseaux morts sur les petites montagnes, les hommes et les bêtes, à l'exception du Roi, sont entrés dans une léthargie voisine de la mort. Le souverain a vu la vie se retirer de ses proches, les gardes se figer, les bêtes devenir immobiles, le silence absolu surgir du tumulte. Il se prosterne, tout son corps et tout son esprit comme compressés par une certitude floue et foudroyante. Il est seul avec son Dieu.

« La terre entière, le jour de la Résurrection, sera une poignée dans sa main et les cieux seront pliés dans sa main droite.

On soufflera dans la trompette, ceux qui sont dans les cieux et ceux qui se trouveront sur la terre seront

*foudroyés, à l'exception de ceux que Dieu voudra
épargner.*

*Puis, on soufflera une autre fois dans la trompette, et
voici : tous les hommes se dresseront et regarderont.*

La terre brillera de la lumière de son Seigneur.»

Nul ne sut jamais la durée de son silence, la force de
sa méditation, la dimension de son angoisse. Un ange
vint le relever et commanda aux oiseaux de revenir. Ils
revinrent portés par la lumière. Alors les hommes et les
bêtes sortirent de leur léthargie voisine de la mort.

Où donc sont passées les «âmes» durant ce singulier
sommeil, ce sommeil commun?

De quels rêves sont-elles désormais chargées?

De quels messages des morts et des esprits intermédiaires dépositaires?

Nul ne parla jamais de cet événement extraordinaire. On ne savait quels mots, quelles phrases, quel discours pouvaient l'exprimer dans sa vérité.

Le Roi fit venir son plus ancien et plus fidèle griot et
lui fit le récit de ce rêve, de ce passage de la vie à la mort,
et de cette dernière à la vie. Le vieil homme cherche
dans sa mémoire toujours fidèle et disciplinée le sens de
ce rêve puissant. Il ne trouve que des fragments impossibles à fixer dans la cohérence d'un récit dont il a pourtant une parfaite maîtrise.

Depuis plus de trois décennies, les deux hommes
ont l'habitude d'un long dialogue. Leurs mémoires
conjuguées contiennent l'histoire du monde, celle du
royaume, celle de la lignée royale, des princes soumis
et des princes rebelles, des guerres et de la paix, des

incendies qui ont traversé le continent et disparu dans la mer, et de tant d'autres événements, certains remontant aux toutes premières saisons, à l'origine du monde. Mais aujourd'hui, cette puissance est comme engloutie devant le mystère d'un miracle sans précédent.

Le vieil homme en larmes se prosterne devant son Roi et lui demande son pardon.

«Parmi nous, qui ne souhaite pas
Avoir un jardin de palmiers et de vignes
Qui lui donne de tous les fruits,
Avec des fleuves courant sous eux?
Mais un vent brûlant l'atteint et l'incendie.
Allah vous fait distinguer les signes,
Afin que vous méditiez.»

La voix du vieux confident est troublée. Le Roi relève son fidèle serviteur et l'étreint longuement.

«Louange à Dieu.
Je prie le Tout-Puissant de nous éclairer, de nous guider, de nous assister.»

Le Roi reprend parole.

«Mon frère, j'ai fait un autre rêve étrange cette nuit même. La longue caravane avait quitté Niani depuis près d'une semaine. Sa tête était déjà aux portes de Djené. Après le jeûne des jours précédents, le temps était venu pour moi de prendre la route.

Je revêtis mon vêtement d'apparat, fis mes adieux à mes femmes et à mes enfants, à l'exception de la première et de mes trois premiers fils qui sont du voyage.

Je fis un bref arrêt devant l'autel des ancêtres et me présente à la porte du Palais.

Mille cavaliers malinké et cinq cents tambourinistes m'offrent un spectacle sans pareil.

Je prends congé des dignitaires, du grand chambellan, des ambassadeurs, de l'Imam supérieur, du chef de la cavalerie, du chef des esclaves de la cour, du chef des forgerons, du gardien du trésor, des gouverneurs des provinces. Entouré de mes gardes, j'entreprends la traversée de la ville.

La grande route a été libérée. Des milliers d'hommes et de femmes sont tenus à distance et manifestent leur joie. Alors se produit une série de rencontres étranges.

Je vois mon père et son père et le père de ce dernier venir en sens inverse du mien et avec eux, des ancêtres innombrables, des hommes et des femmes de couleur pâle, des anges et les disciples du Prophète. Ils sont légion, tous vêtus de blanc, l'épaule et le bras droit nus, le regard tourné vers moi, silencieux et graves. Je me souviens de chaque visage, de ces regards intenses, de ce passage lent et majestueux des ancêtres, des témoins du Prophète et des adorateurs d'Allah. »

Le vieux griot embrasse la main de son Roi.

« Louange à Dieu.

Je prie le Tout-Puissant de vous éclairer, de vous guider, de vous assister.

Sa bonté est infinie.

Prenez la route avec confiance. C'est la plus ancienne tradition de notre peuple qui lie le succès du voyage à la qualité des premières personnes rencontrées. Vous irez jusqu'à la ville sainte à la rencontre du Prophète, à la rencontre d'Allah. Votre rêve est garant du bien-fondé de votre entreprise. Allah est avec vous. »

LE DÉSERT DU SAHARA

Chaque soir, le Roi examine la route accomplie depuis le départ de Niani, et celle prévue pour le lendemain sur de grandes cartes précises où l'itinéraire du pèlerinage est tracé avec soin.

De Niani, le premier tracé pointe en ligne droite vers le Nord, vers les Wahat, les oasis du Touat, au centre du Sahara en passant par Oualata, Bir Ounane, Taghaza à l'Ouest de Tombouctou, et plus loin encore jusqu'à Buda et Gourara près de la dépression du Sahara au sud du grand *Erg* occidental. De là, tel un creux de hamac suspendu aux deux extrémités Est et Ouest du continent, la caravane se dirigera dans un premier temps vers le Sud-Est jusqu'à Ghat, là où se trouve le carrefour des grandes routes vers Tripoli ou Le Caire, puis sur la célèbre piste du Tchad, dans un second temps, vers le Nord-Est jusqu'au Caire en passant par Zawilah et Zilah. Après le séjour au Caire d'une durée de deux à trois semaines, le tracé plonge vers le Sud dans le désert d'Arabie, le long de la Mer Rouge en direction de Médine où se croisent au Nord de « La ville » les caravanes de pèlerins venus de Damas, de Bagdad, de Byzance, de Perse et du Caire jusqu'à La Mecque en passant par Badr, Rabigh et Usfan.

Ce choix s'est imposé comme le plus raisonnable et le plus économe en temps. En comptant les haltes indispensables pour le repos des hommes et des bêtes, en comptant le séjour au Caire, la traversée des déserts du Sahara et d'Arabie prendrait entre cinq et six mois à raison de vingt-cinq kilomètres par jour, vingt les jours de pluie, les jours de *Foudiha* ou de *Migrat*, ces vents du Nord et du Midi, trente au maximum les jours de beau temps. En saison d'été, les déplacements se font la nuit. Il faut alors compter de quinze à vingt kilomètres d'avancée. Un chroniqueur du temps décrit comme suit le passage des caravanes dans le désert :

> *« Le jour on aurait cru voir un océan couvert de barques dont les voiles étaient les parasols et les rideaux des palanquins ; la nuit, les innombrables torches portées devant les bêtes par les esclaves faisaient ressembler le désert au ciel étoilé. »*

Le Kankan Moussa, connu par ses contemporains comme Kankou Moussa, Kankou du nom de sa mère, a dû renoncer à un premier itinéraire qui avait sa préférence en direction de provinces et de villes qu'il connaissait par des ambassadeurs, des marchands, des hommes de foi et de science accueillis dans sa capitale.

Au-delà des hommes rencontrés, des marchandises reçues et appréciées, pour l'essentiel, les relations internationales du royaume privilégient le Nord du continent pour des motifs liés à l'histoire, à la géographie, au commerce et à la religion. Pour ces raisons, le souverain avait souhaité visiter cette grande région, connaître ces villes dont l'importance pour l'Afrique au Sud du Sahara est incontestable et où reposent certains des *Waly*, « les saints de Dieu » les plus vénérés sur le continent.

Alors, le premier segment jusqu'à Touat aurait été le même. Mais de là, au lieu d'emprunter la piste du Tchad vers le Sud-Est puis le Nord-Est, on aurait suivi la route Nord-Ouest vers les villes de Sijilmassa, de Marrakech et de Fès, et ensuite la route de la Méditerranée vers Le Caire. Ce trajet aurait permis au Roi de faire la connaissance du Sultan Abou Said Othman avec lequel il a échangé ambassadeurs, vœux, cadeaux et félicitations. Une autre option a été envisagée, celle de la piste Nord-Est vers Kairouan et Tripoli, et de là, vers la capitale de l'Empire Mamelouk. Mais l'une et l'autre de ces options ajoutent plusieurs semaines aux dix-huit mois requis pour accomplir le saint pèlerinage. Ces options furent finalement abandonnées.

Avant son départ de Niani, le Roi lui-même a longuement interrogé un grand nombre de ceux qui ont traversé les déserts du Sahara et d'Arabie pour se rendre à La Mecque.

La concordance de leur témoignage sur ces vastes terres qu'il ne connaissait pas l'a intrigué et frappé. Ses interlocuteurs marquent tous leur préférence pour le Sahara, sa beauté et sa diversité. Ils évoquent l'autre désert comme un lieu ardu et plein de risques.

Longtemps, après son retour à Niani, le Kankan Moussa confessa sa faveur pour le premier au détriment du second, et cela malgré les épreuves subies dans la première partie du voyage.

Le Sahara est plus sûr, ses pistes sont moins encombrées, les barrages quasi inexistants et les droits de passage moins nombreux et moins exorbitants. Les pâturages y sont moins espacés, et la disponibilité d'épineux pour la construction des cercles protecteurs du campement y est plus régulière. Le gibier y est plus abondant et notamment les troupeaux d'*addax*, sorte de bœufs sauvages à la chair succulente et aussi une grande diversité d'oiseaux que l'on chasse au petit matin à l'aide de pièges faits de branches de grenadiers.

L'approvisionnement en victuailles y est plus régulier et plus diversifié ; des truffes du désert à l'auli, sorte de millet doux, du riz à la chair de chameau et de brebis, de l'huile limpide pour la cuisine, le soin du corps, l'éclairage et mélangée à la terre pour l'imperméabilité des toiles des tentes, du sel abondant aux charges d'eau partout disponibles, des fruits aussi, dattes, prunes, pêches et abricots, en chair ou séchés selon les saisons, de l'igname dont on fait la farine et des fèves diverses recueillies dans le sable.

Les caravanes rencontrées y sont plus amicales et plus pacifiques. Plus désireuses aussi d'échanges de toutes sortes, de l'information politique et économique aux objets les plus divers : épices, parfums, sacs de selle en peau d'antilope, chapelets d'ambre, sacoches à talisman, harpes à dix filins, petits coffres à médaillons d'argent, boites à khôl, brûle-parfum, lampes de verre, bijoux des femmes et bijoux des hommes, des jeunes esclaves aux chamelles à engrosser, des tissus précieux aux fins parfums.

La caravane royale avec ses huit mille participants en impose par sa taille, son service de sécurité, son luxe et l'abondance de ses inventaires.

Sa force évidente appelle respect et considération.

Mais dans ces salutations à l'infini, ces évocations et ces vœux échangés entre voyageurs, il y a bien davantage que la reconnaissance d'un pouvoir évident. Il y a l'habitude d'un respect réciproque, la profondeur des traditions malgré des tensions épisodiques. L'accueil et l'hospitalité des habitants du Sahara sont partout remarquables. À l'entrée des villes et des *Douars*, les gouverneurs, les juges, les chefs religieux et les hommes de science accueillent les visiteurs. Partout, la cérémonie du thé marque le désir de partage se concrétisant par l'offre du feu conservé dans les kanouns où brûle en permanence le charbon de bois, le don de bêtes, de victuailles, d'eau et de sel, les cadeaux d'esclaves et la mise à disposition des meilleurs *takchif*, ces fameux éclaireurs maîtrisant l'immensité de la mer de sable.

Le Roi se prête à ces marques d'estime avec une satisfaction évidente.

Il dote ses hôtes de ressources abondantes pour construire, agrandir ou rénover leurs mosquées, enrichir leur cheptel, creuser des puits, restaurer les adductions d'eau faites des oueds et de seguias. De plus, il se fait représenter aux fêtes de l'Aid honorant le saint Prophète. Enfin, il offre de riches palanquins aux jeunes épouses dont le mariage coïncide avec son passage et enrichit les groupes de *Tabbal* et de *Naffar*, ces musiciens chargés de précéder le cortège de la mariée vers son nouveau domicile.

Enfin, dans le désert du Sahara, la température est plus supportable et l'acheb, cette fine pluie propre au désert, plus régulière, la poussière moins dense et les vents moins meurtriers, les *Ergs*, ces mers de dunes et de sable, plus majestueux et plus divers. Le soir, leur grande ombre mauve dessine sur le sable chaud des espaces splendides. Dans les *Chotts*, ces steppes arides, une grande variété de plantes illuminent cette désolation :

liserons de Fatma, œillets chevelus au fort parfum, roses de sable, sorte de chou massif ressemblant à une grande main fermée et ridée, ficoides couleur or et aussi quelques plantes toxiques telles les grasses carallumas. Dans la première partie de la route jusqu'à Kumbi Saleh, de grands arbres centenaires produisent de l'ombre pour le repos et, à la fin de leur cycle de vie, leurs troncs ouverts en leur centre conservent l'eau de pluie pour le bien-être des voyageurs.

L'autre désert, celui d'Arabie contenant le *Hedjaz*, la terre sainte, a été conçu par Dieu comme une épreuve, un espace où dangers et adversité testent à chaque instant la volonté et la pugnacité des pèlerins.

La température y est torride, les *Ergs* y sont moins abondants et moins somptueux et partagent l'étendue avec des massifs rocheux formant d'étroits couloirs suffocants. Désert de sable certes, mais aussi désert de pierre où se brisent les pieds des bêtes et des hommes, où les vents soufflent avec violence, où la poussière enveloppe tout et où la végétation est quasi inexistante. Des pistes encombrées, où règne la loi du plus fort, des barrages réguliers, des droits de passage exorbitants, un approvisionnement moins abondant et très coûteux, des populations moins accueillantes, des raids et des razzias des tribus bédouines, bref une atmosphère austère, hostile et quasi insupportable.

Cette terre sacrée exige sa ration de « martyrs de la foi », ration prise aux contingents d'hommes et de femmes venus de tous les mondes vers ce lieu unique de la rencontre avec Dieu, le Créateur, le Caché, celui auquel l'homme s'abandonne.

En rappelant longuement sa traversée du désert d'Arabie et en mentionnant les conditions exceptionnelles dont il a bénéficié en raison de la protection du Sultan du Caire et de ses hommes, le Roi aimait citer les vers d'Adi Ibn Sayd[5].

> «*Car pour arriver à trouver*
> *La voie de la vérité*
> *Il faut un effort de l'être.*»

---

5. Poète arabe chrétien mort vers 604.

Durant les premiers mois du pèlerinage, le désert du Sahara a été l'horizon du Roi de Niani et de sa suite composée de huit mille hommes.

Un rituel précis rythme chaque journée de marche, sauf en été où l'on choisit parfois de voyager la nuit. Alors se déplace dans l'obscurité du désert une colonne oblongue de lumière splendide et fugace.

Les journées sont toutes semblables. Elles débutent très tôt afin de bénéficier de la fraîcheur du matin et de la rosée venue de la nuit. Avant même que la lueur du jour pointe, on fait les ablutions comme avant chacune des cinq prières quotidiennes et l'on récite la première prière du jour, complétée à la demande du Roi par la lecture des litanies de la mer, le Hizb-al-bahr. Fort ancienne, cette prière protège les voyageurs contre les périls des flots. Le Kankan Moussa aime ce texte ancien, l'un des plus connus sans doute des croyants où qu'ils soient dans le monde.

«Ô Dieu, ô être sublime, ô être magnifique, doux et savant, c'est toi qui es mon Seigneur.

Il me suffit de te connaître.

Quel excellent maître est le mien, quel excellent lot est le mien!

Tu secours qui tu veux. Tu es l'être illustre et clément.

Nous implorons ta protection dans nos voyages, dans nos demeures, dans nos paroles, dans nos désirs et dans nos dangers ; contre les doutes, les opinions faibles et les errances qui empêcheraient nos cœurs de connaître tes mystères...

Lorsque ceux dont le cœur est malade diront :

"Dieu et son envoyé ne nous ont fait que de fausses promesses", affermis-nous, secours-nous et calme devant nous les flots de cette mer, comme tu l'as fait pour Moïse ; comme tu as assujetti les flammes pour Abraham, comme tu as soumis les montagnes et le fer pour David, les vents, les démons et les génies pour Salomon.

Calme devant nous chaque mer qui t'appartient sur la terre et dans le ciel, dans le monde sensible et dans le monde invisible, et la mer de cette vie et celle de l'autre vie. Assujettis-nous toutes choses, ô toi qui possèdes toutes choses. »

Ainsi protégée, la caravane se met en marche. Mais auparavant, le campement a été démonté et une équipe nombreuse a quitté les lieux avec de lourds fardeaux de toiles, de tapis, de piquets, de torches, d'aliments et d'ustensiles pour les installer au lieu choisi par les éclaireurs pour le campement de nuit. Une autre équipe rejoint la localisation choisie pour l'étape du milieu du jour. L'on y récite le deuxième office, l'on y prend un repas frugal et une courte sieste commune.

Ce rituel accompli, la caravane reprend la route jusqu'à l'heure de la troisième prière quotidienne, celle de la fin de l'après-midi.

Cet arrêt marque une vraie pause, un temps long scandé par la prière du couchant et celle de la nuit après le repas du soir.

Le campement royal en impose par sa dimension, ses coloris francs et sa ceinture de gardes.

Une double muraille de toile l'entoure, parfois encerclée de brise-vent faits de feuilles de palmiers. Ces murailles éphémères sont percées à des endroits différents par de hautes portes dont l'une est réservée au Roi.

Au centre du campement, une immense tente de *Jif* faite de bandes tissées en laine, poils de chameau et poils de chèvre. La tente du Roi qui comprend un hammam est entourée d'un vaste espace dégagé. Ce dernier commande à l'ordonnancement général du campement.

À partir de la tente royale, des sentiers étroits, éclairés la nuit par quatre cents torches, sont bordés par plus de mille tentes.

Hors du campement, on crée deux vastes cercles d'épineux, l'un pour les esclaves, sauf pour les jeunes femmes qui ont la faveur du Roi, et l'autre pour les animaux.

On dépose dans la tente royale des coffrets renfermant des cahiers du Coran, de grands et de petits tapis de prière, des calebasses sculptées remplies de fruits, des outres d'eau, des flacons d'huile et de parfum pour le corps, une sélection de vêtements de rechange, de lourds coussins disposés comme deux bras d'un triangle, un lit de repos surmonté d'un dais et un *bembé*, sorte d'estrade recouverte de soie et réservée au Roi où l'on dispose le *thaïlécam*, couvre-chef en mousseline noire, insigne de la royauté.

Chaque soir, le Roi réunit un conseil restreint. Avec ses membres, il examine les messages reçus de Niani par coursiers et prépare les réponses requises, entend un rapport sur l'état des lieux, des populations, des groupes de nomades et des caravanes qui sont susceptibles d'être rencontrés dans les jours suivants grâce au travail précis et précieux de ses éclaireurs. De plus, à l'attention du Roi, on dresse l'état de l'inventaire, des pertes d'animaux au stock d'or, des réserves d'eau aux acquisitions du jour.

Au même moment, une intense activité mobilise tous ceux qui ont le privilège d'accompagner le Roi dans son saint pèlerinage : soin des voyageurs malades, traitement des bêtes aussi et liquidation de celles qui ne peuvent plus accompagner la caravane, réparation des équipements déficients, et raccommodement des outres que l'on entoure de tapis graissés, *radou* des palanquins, des selles et sacs de selle, des sangles, des harnachements des animaux, des moulins à maïs, des entraves à chameaux. On fabrique aussi des couvre-mamelles, des tire-épines, des sacs pour le riz et des sacoches à talisman. Si l'on campe près d'une *waha* ou d'un *oued*, on y fait des achats, des feuilles de palmiers pour les brisevent, des pieux et des cordes faites avec des touffes fibreuses pour le campement, des bêtes, des fruits, de l'huile, des épices, du miel, des bournous et des *jellabas*, aussi des jeux de *kharbga* faits de noyaux de dattes sculptés. Ces achats sont d'une grande importance. En effet, l'on savait que sur la piste Sud-Est, on était condamné à cinquante jours sans approvisionnement.

Enfin, voit-on un ou une esclave de grande beauté, on marchande alors longuement pour les offrir aux membres du conseil et au Roi lui-même qui s'y connaît en beauté!

Ces tâches accomplies, on sort les violes, les calebasses perforées, les harpes à dix filins, les violons aux cordes de queue de cheval et l'on organise de grandes fêtes de danse, de lutte, de récit de contes, de récital de poésies, sauf les soirs des deux premiers jours de la semaine réservés au repos complet.

L'une de ces soirées resta gravée dans toutes les mémoires. Elle marquait l'anniversaire du Roi. Ce dernier avait passé le premier cycle de sa vie voilà quatre années.

La journée a été mémorable. La caravane approchait de Gourara et, le long de la route, des *Ergs* monumentaux aux lignes parfaites et mobiles et aux couleurs fines donnaient au paysage une ampleur et une splendeur inégalées. Et au couchant du jour, leur ombre mauve se répandait à perte de vue jusqu'au lointain horizon apparemment figé par tant de beauté. De nombreux douars sont installés près des chotts, ces puits de sel parfois remplis d'eau. Des bouquets de palmiers annoncent les habitations. C'est dans cet environnement splendide, et en présence du gouverneur de Gourara entouré des notables de sa ville, qu'eut lieu la fête du Roi.

On tua plus de deux cents bêtes dont cinquante bœufs pour le repas d'anniversaire et l'on prépara trente mesures de riz. Conservées avec grand soin, les cornes des bœufs sont transformées en enveloppes à amulettes, curieux mélange de recettes anciennes et de textes du Coran protégeant contre les esprits, les ennemis et les maladies, susceptibles aussi d'attirer les faveurs des puissances invisibles.

L'orchestre royal a été mobilisé et le maître de la cora a créé, pour la circonstance, une longue symphonie cherchant à traduire l'idée même du pèlerinage, les émotions du départ de Niani, celles aussi attendues des lieux saints. Entre ces extrêmes, le superbe musicien fait respirer dans ses cordes et ses rythmes la douceur et la furie des vents du désert, les cris des hyènes et des chacals dans l'obscurité de la nuit, la magnificence des *Ergs* et la rugosité des *chotts*, la fuite des mauvais esprits devant l'affection manifeste de l'Unique.

Soudain, la cora se réfugie dans son silence, les balafons et les calebasses sortent de leur mutisme, accompagnés par les fortes cadences des gigantesques caisses tubulaires. Puis la cora, douce et sûre d'elle-même, trace, dans des arpèges subtiles la légèreté du seul vrai pèlerinage, pensé et vécu dans le cœur du souverain.

Dans le vaste espace dégagé devant la loge royale se succèdent des inventions gymniques, des séquences de danse superbe, des corps somptueux portés par les transes et libérés par l'extase. Toute cette musique et toutes ces chorégraphies trouvent relais et écho dans une foule participante, portée elle aussi par une intime ivresse.

Des offrandes sont présentées au Roi. Un bouc, un long collier de cauris en or à l'intérieur d'ambre et de corail, une corne d'argent contenant de la terre de Niani et le texte de la première sourate, un Coran aux enluminures somptueuses et des esclaves achetés dans les pays visités.

Une douce cora annonce chants d'amour et chants épiques, chants de guerre et chants de paix. Enfin, une voix de femme lance un hymne solennel en l'honneur du jubilaire, de ses faits et gestes, de ses vertus de modestie, de probité et de loyauté.

On entendit ce soir-là un long récit rappelant ce temps lointain où le désert n'existait pas encore, ce temps lointain où les vastes espaces de sable étaient occupés par des forêts serrées, des lacs immenses reliés par des fleuves puissants, des champs aux récoltes abondantes, des pâturages pour les troupeaux nombreux, des lieux de chasse miraculeuse, des villes somptueuses. La foule scandait la longue narration des vers du poète Antara[6] :

> «C'est un jardin qui vient de prendre en charge la nuée,
> Un jardin à la terre fertile, inconnu, secret...»

Après le repas, un message de Niani célébrant les vertus des ancêtres du souverain et les siennes est lu dans une atmosphère de liesse générale. Puis, dans cette nuit superbe gardée des malheurs du monde par la vaste haie des *Ergs* lumineux dans la douce obscurité, le gouverneur de Gourara invite les poètes de sa ville à célébrer l'illustre visiteur.

Une première voix se lève, lente et puissante, improvisant avec une aisance remarquable :

Là-bas dans les demeures vôtres
Le sel répandu pour chasser le regard menaçant
Des enfants naissent lavés quatre fois
Eau de fleur sur corps neuf
Eau sacrée dans sa gorge à jamais
Le grand nombre converge.

---

6. Poète métis, fin du VIe – début du VIIe siècle.

Là-bas dans les demeures vôtres
Le festin rassemble pour la troisième fois
Porte ouverte pour l'accueil
Le grand nombre converge.

Le père du père a franchi le temps
Eau de fleur sur son corps mort
Lavés quatre fois.
Feuilles de jujubier dans sa gorge à jamais
Le grand nombre converge.

Là-bas dans les demeures vôtres
Des enfants et des pères naissent et meurent
La même eau de fleur pour une même lignée
Le grand nombre converge.

Un même vent crée ce va-et-vient perpétuel
Le grand nombre converge
Le voyage s'accomplit vers les origines
Allahou Akbar! Dieu est le plus grand.

Niani ici connu, à ce point connu! Les rites et les croyances du pays si finement évoqués!

À la fin de chaque poème, le Roi et les gens de sa cour se touchent le front avec la main et disent d'une voix forte : *Allahou Akbar! Allahou Akbar!*

Chacun est encore saisi par une telle amitié quand se lève une voix de femme, de vieille femme. Son improvisation est écoutée dans un silence absolu.

J'ai placé l'échelle du Prophète dans le regard
La clarté s'estompe, les étoiles vivent
La clarté renaît, le soleil s'installe
Mouvement sans début sans fin.

Le bout des lèvres éponge les larmes chaudes
Imbibe les vastes fanions
Le verbe d'or des Hadiths
Ainsi naissent le vent, les songes et les béatitudes

Là-haut ni force ni puissance
Le mouvement sans début et sans fin
Le souffle continu hors de nos routines
L'attente fervente des ablutions
Ainsi naissent la rosée, la pluie et l'eau sacrée.

Là-haut ni esclave ni prince
Le mouvement sans début et sans fin
La puissance d'avant toute puissance
Attend les prières depuis l'aube jusqu'à la nuit
Ainsi naissent le miel, l'amour et l'extase

Allahou Akbar! Dieu est le plus grand!

Tard dans la nuit, les poètes lancent leur improvisation magnifique et chacun de reprendre leur conclusion : *Allahou Akbar! Dieu est le plus grand!*

Le Roi remercie longuement tous ceux qui ont contribué à la beauté de cette fête et, à la surprise de tous récite quelques vers du célèbre poète mecquois Oumayya Ibn Abi'l-Salt[7] :

«C'est le Dieu des mondes
Et de toute terre
Le seigneur des monts
Vaisseaux immenses
Qui ont jeté l'ancre pour toujours
Dans le port ...

---

7. Poète mecquois mort en 631.

La terre, il l'a étendue
En surface plane
Et de lumière il l'a ornée
Soleil qui éclaire
Et croissant de lune

Et brassées d'étoiles
Qui, dans sa nuit sombre
Etincellent en perles
Et lancent des flèches
De feu
Plus brillantes que les traits rapides
À l'heure du combat
Il a fendu la terre
Et l'eau claire a jailli
Limpide et savoureuse
En sources
En ruisseaux, en rivières
Ou en fleuves...

Mais tout ce qui prospère
Va de nécessité
Vers sa chute sans fin
Tout ce qui appartient
Au monde d'ici-bas
Est promis à passer

Tout dépérit
Après le temps de son effort
Tout s'use
Sauf le Permanent
Le Tout Saint
Le Dieu de Majesté. »

Les griots de la cour se récitèrent cent fois cette fête pour la graver à jamais dans la mémoire.

Dans les tentes, les rires fusent. On y déclame des poésies salaces. Aux bouches de miel succèdent les bouches de chair :

« Trois femmes et puis deux
Cela fait cinq
Une sixième
Se pendaient délibérément
Sur mes orifices supérieurs

Elles passèrent la nuit
Renversées à mes côtés
Et je pris gîte dans le tas
M'efforçant de déterminer les limites
De ces monticules rosés
Il me semblait y rencontrer
Les fruits tendrement fissurés du grenadier, Ah! c'était
Comme si le sol eût été jonché de braises ardentes
De tamarin, sur lesquelles ces jeunes beautés
Se seraient soudain vautrées.[8] »*

Vous en voulez une autre ? Eh bien, écoutez :

« Un professionnel remplissait
Ses contemporains d'étonnement
Ils le voyaient soudain dans l'abondance
Après l'avoir connu dans une gêne extrême.

De quoi vous étonnez-vous ?
Leur répondis-je. Comment ne serait-il pas riche

---

8. Al Farazdaq, 640-733.

Alors que le Palais de la Monnaie
Se cache dans ses pantalons bouffants ! [9] »

Une dernière, une dernière ! Et bien soit :

« *Tes pigeons aujourd'hui sont en vagabondage*
Entre au doux colombier, lumière de mes yeux !
Va, divague à travers le bassin au jet d'eau
Et sois compatissant pour le fond du réduit...

Vois donc, chéri, ô fils du gémissement
Ce ventre offert jusqu'au poitrail ; et si ton instrument
En sort, par Dieu, reloge-le de force
Au fond de la demeure [10]. »

---

9.   Ibn Al-Roumi, 836-896.
10.   Ali Al-Baghdadi, XIIe siècle.

La route du Nord, de Niani à Buda et Gourara, avait réservé peu de surprises. Dans un premier temps, le Roi voyage en ses terres et l'accueil y est partout extraordinaire.

Dans chaque ville ou village d'importance, le souverain, précédé de son fanion rouge, fait son entrée monté sur son cheval et porte sa calotte d'or, fixée par une bandelette elle aussi en or, dont les extrémités sont effilées à la manière de couteaux, signe de son autorité.

Le Roi est protégé par un *khamsa*, sorte de palanquin blanc brodé portant en son sommet un oiseau d'or. Il porte une ample tunique rouge et ses gardes de longues capes blanches. Le cortège avance lentement.

Accompagné du gouverneur du lieu ou du premier responsable civil et entouré de sa garde, le Kankan Moussa se présente sur la place centrale où il est accueilli avec ferveur par ses sujets venus en grand nombre à sa rencontre. Le protocole est précis et insondable.

Le souverain descend de son cheval et s'installe sur son *bembé*, sorte de trône recouvert de soie et protégé par un immense parasol de même facture. Ses gardes armés s'installent autour de l'estrade et le chambellan fait appeler les notables.

Pendant ce temps sont amenés deux chevaux scellés et deux béliers blancs. On bat les tambours. On donne du cor et on sonne les trompettes. Commandants, juges, juristes, conseillers, prédicateurs, lecteurs du Coran et personnalités diverses, chefs de village et représentants des étrangers font leur entrée.

Chacun est accueilli par le grand chambellan qui, ses devoirs de politesse accomplis, s'adresse à la foule au nom du souverain. L'homme impose le respect. Avant de prendre la parole, il dépose son sabre, dont le fourreau ouvré est en or, devant le Kankan Moussa.

«Bissmillahi, Bissmillahi.

Comme vous le savez, notre Roi, en son nom et au nom de tous ses sujets a décidé d'accomplir le pèlerinage et de visiter le tombeau du Prophète. Qu'il soit protégé de Dieu.

Votre gouverneur était avec nous à Niani pour la cérémonie du départ et votre générosité a été remarquée. Elle se manifeste encore aujourd'hui à l'endroit de notre souverain. Elle traduit votre reconnaissance à son endroit pour avoir maintenu et enrichi l'héritage de ses pères, la paix dans le royaume et avec nos voisins, la sécurité des routes et des gîtes dont votre communauté profite pour son approvisionnement, et ses clientèles, la justice pour tous souvent rendue d'ailleurs par le Roi lui-même en raison de sa volonté d'être l'incarnation de la protection des plus faibles d'entre vous, contre ceux qui, profitant de leur situation, pourraient chercher à abuser de vous, l'accueil des visiteurs et leur protection, le soutien du royaume aux communautés touchées par une épreuve particulière.

Vous êtes les sujets d'un vaste royaume aux richesses immenses. En ses extrémités, il touche la mer, les forêts et le désert. Chacun y exerce librement ses croyances et ses cultes dans le respect des règles communes que je viens d'évoquer. Quiconque se situe hors d'elles se condamne à la servitude, et avec lui tous les siens et leurs descendants.

Les liens de votre peuple avec les chefs de notre Empire sont anciens. Ils sont venus des nécessités du temps. Ils ont été approfondis par les générations successives et enrichis par votre souverain. Les plus anciens peuvent mesurer la qualité de ces liens et leurs effets positifs pour tous.

Notre Roi et ses pères ont accompli de hauts faits d'armes pour vous offrir cet environnement favorable pour vous tous et chacun de vous.

Ils ont vu périr dans des combats terribles les frères de leur père et les fils de leurs sœurs.

Ils ont vu des provinces entières se vider de leurs enfants emmenés en esclavage, et laissés en cendre après le passage de l'ennemi.

Ils ont vu les troupeaux égorgés, les récoltes saccagées, les greniers vidés, les puits empoisonnés.

Mais ils ne se laissèrent jamais abattre par ces terribles épreuves. Arc à la main et courage au cœur, soutenus par la protection de Dieu et la garde des ancêtres, ils renversèrent toutes les agressions extérieures et les déprédations intérieures.

Comme vous le savez, la clémence de notre souverain s'inspire de la clémence du Dieu unique sauf pour ceux qui, jouissant des avantages et des privilèges offerts à ses enfants par le royaume, se tournent contre lui et cherchent à le détruire. Alors, la justice impose des sanctions exemplaires à la hauteur des forfaitures et des trahisons commises.

Même s'il s'éloigne pour un temps, le Roi ne quitte pas notre grande maison. Il la loge dans son cœur jusqu'à la sainte Mosquée et le tombeau du Prophète.

Notre souverain m'a demandé de vous saluer chacun et tous et de solliciter vos prières pour son pèlerinage dont les effets consolideront la paix, la sécurité, la justice, la compassion et la prospérité du royaume et de ses sujets. »

Le même discours est repris dans chaque ville de l'Empire, mais enrichi d'exemples tirés de l'histoire locale, de cas récents où le pouvoir royal s'est manifesté d'une façon probante.

Après le discours, le plus ancien griot du lieu dresse la riche chronique fondant la reconnaissance de la communauté à l'endroit de l'illustre visiteur, de ses vertus et des avantages de sa protection. L'intervention remonte dans le temps, rappelle les anciennes alliances, les épreuves surmontées en commun, les victoires partagées. Aux faits les plus vérifiables se conjuguent les événements les plus extraordinaires et se mêlent les actions des hommes et celles des dieux. La foule vit le récit avec intensité, se fige dans le silence, puis marque bruyamment son accord profond avec les mots du vieux sage.

Les tambourineurs entrent en scène et des groupes de jeunes gens occupent l'espace et inventent des chorégraphies admirables.

Le Roi donne le signal du départ. On le conduit dans une tente dressée près de la Mosquée. Il y revêt une longue tunique blanche et coiffe le *thaïlécan*, signe de son rang. De là, il se rend au temple où il préside à la prière et, exceptionnellement écoute un prêche qui reprend pour l'essentiel le discours du griot dans sa partie laudative.

Au milieu du trajet d'une durée de dix semaines entre Niani et les oasis du Touat, le désert s'impose avec ses couleurs particulières, ses longues plaines et ses bas plateaux, ses sols sableux et ses surfaces limoneuses, ses *hamadas* et leur végétation austère faite de plantes vivaces aux feuilles dures et vernissées, d'arbustes et d'arbres chétifs et, dans les bas-fonds humides, de graminées vivaces et, distanciés, ses troupeaux transhumants et ses groupes de nomades. Plus au Nord, les étendues se présentent à l'infini, vastes et mornes, soudain entaillées de canyons profonds ou bloquées par de longs massifs montagneux. Entre ces extrêmes et dans cette étendue illimitée se forment des chaînes d'*Ergs*, certaines rondes et fragiles, d'autres altières et définitives. Ces dunes sont filles du vent et des siècles. Perdues dans cette mer de sable, d'amples surfaces blanches et sulfureuses et des assemblages naturels de pierres monumentales sont là en équilibre depuis l'épuisement des plus vieux volcans du monde.

Jour après jour, la longue caravane pénètre ce mystère sans grande contrariété.

À chaque carrefour d'importance, le maître de la route dépose des présents de toutes sortes en conformité avec les traditions du pays. Ce faisant, on s'assure la protection des esprits ; et on se décharge de toute impureté ;

on célèbre les rencontres effectuées dans ce lieu et on recherche protection et sécurité pour la suite de la route.

Dès la création, la divinité n'a-t-elle pas tracé le croisement originel des chemins ordonnant ici les structures de l'espace ? C'est aussi pour commémorer cette intervention créatrice que le maître de la route accomplit ce rite ancestral et sacré.

L'entrée dans le groupe des oasis du Touat marque un véritable tournant dans le long voyage vers La Mecque. Certes, ces dernières semaines, la caravane royale a circulé dans le désert, rencontré quelques caravanes assez modestes, observé la vie dans les *oueds* et, à quelques reprises, reconnu les feux des campements des nomades dans la nuit. Elle a aussi installé ses tentes près d'agglomérations plus importantes, telle Tegaza et sa célèbre mosquée de sel.

Le groupe des oasis du Touat représente bien autre chose : un grand carrefour entre la route du Nord-Ouest en direction de Marrakech et de Fès et la route du Sud-Est en direction de Ghat, Zawilah, Zilah et Le Caire ; une autre manière de vivre aussi, dépendant des ressources propres des *Wahats* et notamment de l'eau et des palmiers.

Le Roi rend visite aux *Wahats* et est reçu selon son rang. Il distribue des pièces d'or non traité aux personnalités qui l'accueillent et reçoit en retour un coffre rempli de *nazhms*, perles du désert précieuses et lumineuses, une grande réserve de *tâcarghaut*, plante rare dont le parfum plaît au souverain, aussi un choix de jeunes esclaves dont l'une, originaire de Bagdad, devient rapidement l'intime du souverain.

L'eau des oasis de Touat provient de sources assez lointaines empruntant un circuit complexe de *séguias*, troncs de palmiers façonnés en demi-cylindres et enduits de graisse animale pour les préserver du pourrissement.

On présente au souverain un vieil homme et son petit-fils, tous deux dépositaires d'un don exceptionnel qui les fait découvrir avec grande précision les réserves d'eau qui se forment sous le sable. Modestes et silencieux, les deux devins ont prêté leur don aux quatre coins du grand désert où leurs mots humbles sont suivis d'une plénitude jusque-là impensable.

Le Roi accompagné du gouverneur, fait une tournée des points d'eau dévoilés par le vieil homme et son petit-fils. En guise de remerciement, à la fin du jour, il leur raconte l'histoire du secret confié par le Prophète à son gendre Ali.

« Dépositaire d'une confidence de Mahomet et tenu à la réserve par serment, Ali tint sa promesse pendant quarante jours. Sentant qu'il allait trahir son serment, il s'enfuit dans le désert et décida de se libérer de son tourment en penchant la tête sur l'ouverture d'un puits et en racontant le fameux secret. Sa salive tomba dans la réserve d'eau.

Au temps du Degletnour, la célèbre fête de la récolte des dattes, un fin roseau prit racine dans ce puits. Un berger en fit une flûte dont la musique émerveillait le plus grand nombre, apaisait les tempêtes et séduisait les vivants.

Informé de cet étrange phénomène, le Prophète souhaita lui aussi entendre ces mélodies.

Il y reconnut son secret et fit savoir que ce dernier serait révélé à qui écouterait cette musique dans la plus totale pureté... "car la foi toute entière est plaisir et passions.»

Le Roi est manifestement heureux de ce temps de repos et de ces découvertes inattendues dans cette grappe d'oasis suspendue entre deux mondes. Il fréquente la mosquée sans protocole et notamment l'office du soir, quand le *Muezzin* allume la lampe du haut du minaret. Il se présente simplement et s'installe face au *Mihrab*. Il pratique le *rukuu*, forme particulière d'abaisser le buste, et le *sujud*, façon de s'asseoir sur les talons et de s'incliner jusqu'à toucher le sol de son front, les mains posées à plat devant soi. Avec les autres fidèles, il récite les versets du livre saint, longuement et à voix basse.

La fin du séjour dans les *Wahats* du Touat coïncide avec la saison de la fécondation des palmiers. Les plus anciens encerclent les groupes d'arbres et les jeunes hommes non mariés recueillent le *shokkar* sur les palmiers mâles et « l'inséminent» dans le *spathe* au cœur des fleurs des palmiers femelles.

Puis les anciens encerclent un autre groupe d'arbres et la cérémonie se déploie à nouveau. Ainsi jusqu'au dernier palmier des oasis.

Le palmier est entouré de grands soins. À la vérité, il fait l'objet d'une quasi-vénération. Il est le gardien des lieux, le pourvoyeur d'ombres et de nourriture.

On en extrait le *lequi*, sève douce recueillie la nuit au plus haut point de l'arbre royal.

Avec ses touffes fibreuses, on fabrique la corde précieuse, mêlée à la terre des briques pour l'habitat.

De ces immenses *jerid*, on couvre les abris temporaires pour les animaux, et de ces bouquets de palmes pouvant atteindre six mètres et vivre sept ans, on fabrique des ballots, des outres et des paniers souvent finement décorés.

Des troncs des vieux arbres tombés à la fin d'une vie pouvant atteindre un siècle et demi, on découpe des *séguias*, demi-cylindres conduisant l'eau des sources lointaines vers les potagers, les mangeoires des bêtes et les habitations des hommes. À leur manière, les enfants eux aussi ont apprivoisé les hautes silhouettes des palmiers. Ils y font des jeux nombreux : concours d'escalade, jeux de cache, déguisements en palmiers nains, mobiles et hurlants…

Ces histoires, ces traditions, ces habiletés fascinent les voyageurs. Tout au long de la route, ils se rappelleront les choses vues dans le Touat : de la cathédrale de sel de Tegaza à la fécondation des palmiers, des parfums de *tâcarghaut* à ces « miraculeux » chasseurs d'eau sous les sables. Aussi des exigences d'Inari Condé, l'épouse préférée du souverain, si discrète par ailleurs tout au long du voyage. Entre Tegaza et le Touat, elle supplia le souverain de faire creuser un fleuve comme le fleuve Niger. « *Mon corps est souillé, disait-elle, et ceux de mes cinq cents esclaves.* » Le Roi exauce son vœu dans la nuit même.

Au soir du dernier jour à Touat, le Roi, fait exceptionnel, reçoit à sa table les chefs de caravanes venues du Nord et quelques hommes remarquables les accompagnant. Ceux-là venaient de Marrakech et de Fès, villes que le souverain avait tant souhaité connaître personnellement. Il accueille ses visiteurs avec attention, s'enquérant des conditions de leur longue route, de la qualité et de la sûreté de cette dernière, des événements, et de la situation de leurs villes respectives.

Au temps du Kankan Moussa, le Maroc est sous l'autorité d'un seul sultan. Abou Said Othman règne de 1310 à 1331, Abou El Hassan de 1331 à 1351. Fès, Tlemcen et l'Andalousie, la première redevenue capitale et résidence du Sultan, sont les lieux principaux du sultanat.

Doté d'une forte administration, le *makhzan*, composé d'un Office des lettres chargé des relations avec le monde et d'un Office des impôts chargé du trésor et de la dépense, le royaume jouit d'une prospérité certaine, d'une économie en expansion et d'une industrie efficace. On y trouve notamment une industrie alimentaire forte, une industrie des produits courants très développée et une industrie de biens et d'équipements florissante. L'économie de Fès est particulièrement bien servie par sa localisation géographique au carrefour des grandes routes de l'Est et de l'Ouest, sur la côte de l'Atlantique, et de celles aussi du Nord et du Sud vers le Sahara et les royaumes plus lointains de l'Afrique.

Ces données générales sont connues du Roi de Niani. Ce royaume du Nord partage avec le sien l'une des plus longues frontières du monde, des relations diplomatiques, commerciales, culturelles et religieuses d'une grande intensité. Le pouvoir installé à Fès lui semble solide, ouvert et efficace.

Ce soir-là, outre l'exercice diplomatique que constitue ce repas partagé, le souverain s'intéresse en particulier aux grands travaux conduits dans les villes du Nord, à la politique concernant les groupes ethniques et aussi aux productions intellectuelles en cours. Son intérêt est réel, les réponses sont abondantes.

Pour le Kankan Moussa, le caractère unique de Fès tient à la venue, voilà cinq siècles, du petit fils du Prophète qui s'est établi sur la rive droite de la rivière Fès.

Sa curiosité est grande notamment pour l'évolution de Fès la neuve, Fès Jdid, qu'il sait être l'une des plus grandes audaces architecturales du temps, soit la création d'une capitale nouvelle à côté de la vieille ville où l'on trouve les quartiers des Juifs, ceux des Andalous et des Berbères.

Fès la neuve a à peine un demi-siècle d'âge. On dit déjà d'elle « qu'elle réunit la beauté du monde » et toutes les commodités du temps, dont l'eau courante, cette rareté. Incluse à l'intérieur d'une double muraille de terre, la ville inventée comprend l'un des plus beaux et des plus grands palais du monde, entouré de jardins somptueux, la Palais du Sultan. Aussi les demeures des princes, une grande mosquée, quatre *madrasas* superbement pourvues et un hôpital moderne.

Les invités du Roi lui décrivent les travaux en cours pour la construction de la *madrasa* Al-Attarine dont la fontaine monumentale vient d'être terminée, ceux aussi qui enrichissent les beautés de la mosquée Al-Qarawiyyine. Cette *madrasa* consolide la place centrale de Fès dans l'enseignement et la recherche religieuse, philosophique et scientifique.

Ils évoquent aussi les ouvrages des corps d'artisans : céramistes, assembleurs de mosaïques, sculpteurs sur pierre, sculpteurs sur bois, doreurs, peintres... Toutes leurs beautés ornant les structures pyramidales, les forts et les chapiteaux des colonnes, les arcades conduisant aux petites chambres pour les étudiants, à une salle de prière immense et somptueuse.

De Marrakech, le Roi apprend peu de choses qu'il ne savait déjà. Il interroge sur le personnage du Calife Abd-Al Mu'min, ancien gouverneur de Séville, ce prince des croyants dont le règne ancien déjà (1163-1184) avait marqué profondément son temps. Certes, des épreuves terribles marquèrent son long règne : tremblement de terre de grande magnitude, épidémie de peste qui fit plus de dix mille victimes dans la ville. Mais ce qui reste dans les mémoires et dans les faits occulte le souvenir de ces expériences douloureuses.

On doit choisir ici, tant la richesse des acquis abonde : le grand pont reposant sur quinze arches sur le Transift, l'agrandissement de la citée et la construction de la tour octogonale de l'Arset Al-Maach. Le Roi était fasciné par ces grands travaux témoignant du rayonnement de la ville et aussi de sa forte attraction sur les classes supérieures du Maghreb et d'Espagne. Parmi ceux-là se trouvait le Calife Muhammad Ibn Rusd[11] dont la présence répétée à Marrakech donne lieu à d'exceptionnels dialogues sur le sacré et le profane, le spirituel et le technique, la raison comme moteur, et la révélation comme illumination.

Le Roi trouve peu d'informations nouvelles auprès de ses visiteurs venus de Marrakech, et notamment sur Yagûb, fils de Yagûb Yùsuf qui régna de 1184 à 1199. Fils d'une esclave noire, le nouveau Sultan a contenu les insurgés aux deux extrêmes du royaume, du côté de l'Espagne et du côté de l'Ifrikiya, lancé la construction d'une ville nouvelle, Rabat, et construit au sein de Marrakech, la célèbre casbah et le plus vaste marché couvert du monde.

L'aura du Sultan était si forte qu'un grand nombre refusa de croire à sa mort et attendit sans résultat son retour d'Orient où il ; avait, disait-on, entrepris un long voyage. Ceux-là déposaient des présents à la porte de l'Ar Riyàd, ce complexe de douze palais rivalisant de luxe et de beauté.

Le Kankan Moussa salue ses visiteurs et les reconduit lui-même. Avant de les quitter, il les invite à Niani et laisse entendre qu'il se rendra un jour prochain à Fès et à Marrakech.

---

11. Averroès.

$M$is à part l'extraordinaire chaleur du jour, la rigueur des nuits, la durée interminable du trajet et un sentiment progressif d'isolement, la longue traversée du Sahara, de l'Ouest à l'Est, des oasis du Touat à la ville de Ghat, ne devait pas normalement réserver de surprises. Certes, les caravanes et les campements humains se font rares, le ravitaillement en vivres frais devient inexistant. Mais le rituel des jours se déploie avec récurrence et rigueur.

Mais à mesure que la longue caravane progresse dans cet environnement toujours semblable, une tension inexplicable s'infiltre dans les esprits et les comportements.

La vue d'un feu à l'horizon suscite comme une excitation et une attente démesurées. Des situations banales prennent des dimensions disproportionnées. Des éclats et des querelles s'élèvent le soir dans le camp, des clans se forment autour d'enjeux divers : le partage des tâches, la rotation des veilles, la distribution des vivres, l'évaluation des inventaires…

Les réunions du conseil se prolongent. La liste des arbitrages, quasi inexistants dans la première partie du voyage, s'allonge de semaine en semaine.

Certes, rien de fondamental n'est remis en cause, ni la loyauté à l'endroit du souverain et de son pèlerinage, ni la nécessaire cohésion de cette grande foule glissant lentement sur l'immense tapis de sable. Mais la tension existante inquiète. Certains recommandent même au Roi une forte intervention afin de stopper ce subtil glissement. Le souverain rappelle le verset de la deuxième sourate et reste apparemment insensible à ces conseils.

« Qui fait le pèlerinage
Ne cohabite pas, ne faute pas
Ne controverse pas pendant son pèlerinage…
Voici, Allah aime les conciliateurs. »

À la vérité, le Kankan Moussa lui-même ressent la longueur de la route, ce climat écrasant, la pesanteur de la routine, la réalité de l'isolement et cette fatigue de l'esprit au milieu d'une entreprise qui doit ultimement le vivifier.

À deux jours de l'arrivée à Sihat qui doit marquer une pause dans le voyage et, on l'espère, l'approvisionnement en vivres frais, un événement extraordinaire se produit qui est interprété par tous comme un mauvais présage.

Une même nuit, douze membres de la caravane sont mordus par des serpents. Le camp entre alors dans un grand désordre.

Les victimes rassemblées souffrent de douleurs considérables. Elles se roulent sur le sol et crient leur souffrance. On leur fait boire de grandes quantités de lait de chèvre. Mais le vieux remède n'est d'aucun effet. Alors on cautérise leur plaie avec de petites lames de fer rougies au feu. D'habitude efficace, le procédé semble amplifier leur mal.

Une véritable panique s'empare des esprits et les rumeurs les plus folles sont relayées. Soudain, les serpents sont légion et on raconte qu'ils se sont infiltrés en grand nombre dans les bagages et dans les magasins de vivres. On raconte aussi qu'en ce lieu une caravane a été complètement décimée, bêtes et hommes, par une véritable armada de reptiles. On entend cris de frayeur et implorations aux dieux. Certains prononcent en chœur la célèbre formule de la *shahada* qui accompagne la mort.

Un jeune Peul qui a joint la caravane à Buda demande à voir le chambellan du Roi. Il prétend connaître une méthode susceptible d'apaiser la douleur des victimes entrées toutes dans un délire profond, le visage tordu, les mots inintelligibles, la respiration haletante, les yeux exorbités.

Devant le chambellan, il expose cette méthode, évoque des précédents vus de ses yeux vus et jure d'abandonner la caravane et de renoncer au pèlerinage si sa proposition ne s'avère pas concluante.

Alors, devant une foule apeurée qui récite des litanies improvisées faites de formules coraniques, on égorge douze chameaux, le cri des bêtes se mêlant aux incantations des hommes. Suivant les instructions du jeune Peul, on couche chaque victime à côté d'une bête morte mais encore chaude et on installe la partie du corps mordu par les reptiles dans l'estomac de l'animal pour douze heures. L'installation a pour effet immédiat de calmer les victimes qui entrent dans une quiétude profonde.

Improvisant, des voix s'élèvent dans la nuit, des voix moitié pleurantes et moitié fredonnantes :

« Sommes-nous seuls avec nous-mêmes
Dans cette terre aride et désolée

Dans ce royaume de feu et des démons
Là où coulent des ruisseaux de venin.

La vie dans ce monde, qu'est-elle
Sinon la jouissance d'une illusion[12] ?
L'attente de la terre éloignée de Dieu
Fait de cette jouissance une ombre fugitive

Nous savons cette autre terre sans ruisseau de venin
Sans morsure de reptiles et de démons
Nous ne sommes pas seuls avec nous-mêmes.

Il n'y a de dieu que Dieu
El Mahomet est son messager. »

La foule reprend la sainte formule et lui donne des accents de fin du monde.

Les victimes sont toutes guéries. Les chairs atteintes se sont comme dissoutes dans l'estomac des chameaux morts et le poison avec elles. La caravane vient de prendre deux jours de retard. Mais les vies de tous sont sauves.

Héros du jour, le jeune Peul est invité par le souverain à se rapprocher de lui et devient l'un de ses familiers. L'homme sait tout des savoirs de son peuple. Des années plus tard, le Kankan Moussa en fera son ambassadeur à Marrakech.

---

12. Coran III, 185.

Il faut bien compter cinq semaines de route entre Silah et Ghat, cinq semaines interminables, la caravane étant comme assiégée par une tempête qui n'en finit plus, faite de pluies torrentielles bloquant toute visibilité et de grands vents faisant se déplacer les dunes. On navigue à vue dans une sorte de nuée de pluies cinglantes, chargées de sable et accompagnées des grondements des entrailles de la terre, ce tonnerre qui produit des éclairs abondants. Le premier touche et creuse la terre d'où il vient, les seconds, les êtres vivants qu'ils tuent.

L'installation du camp, la protection des équipements et des vivres, les travaux à accomplir, la circulation, tout devient pénible et pour plusieurs, périlleux.

On trouve difficilement des volontaires pour les travaux les obligeant à sortir du périmètre du campement, ou de la communauté de la caravane, depuis ce jour où une équipe de six hommes s'est égarée dans la tempête. Durant trois jours, dans un climat exécrable et en prenant toutes les mesures de prudence requises, on organisa une vaste opération de sauvetage, sans résultat.

Ni trace humaine, ni signaux d'appel ou de protection.

Le souffle du vent emporte toute chose et crée une obscurité étrange. Les astres ne brillent plus. Les feux allumés meurent aussitôt. Les appels se résorbent sans profondeur et sans écho. Les pistes s'effacent. Il n'y a plus que le déchaînement des éléments. La colonne des rythmes naturels écroulée, alors la vaste voûte tombe en lambeaux imprévisibles et meurtriers.

On ne saura jamais de quel mal au corps et de quel tourment dans l'esprit les égarés furent porteurs, entre la certitude de la proximité de leur salut et l'angoisse grandissante au constat qu'ils fuyaient dans l'obscurité des tempêtes.

Ceux-là, disait-on, sont les victimes des démons qui hantent le désert.

Sous les apparences d'un drame d'ici, c'est l'autre bataille, dans l'autre monde qui vient à l'esprit et l'incompréhension du grand nombre devant le délaissement « *du guide qui montre aux cavaliers indécis le vrai chemin et le sauveur de ceux qui perdent pied* [13]. »

Les poètes inventent alors de vraies lamentations.

Où est le ciel, où est la terre
Où est la route
Qui ne sait répondre et marche sans but
A-t-il toujours la protection d'Allah ?

Où est le ciel, où est la terre
Où sont les carrefours
Qui ne sait répondre et change de route
A-t-il toujours la protection d'Allah ?

Où est le ciel, où est la terre
Où sont les étoiles

---

13. Dhou'l Noun, poète nubien mort en 860.

Qui ne sait répondre et dresse son itinéraire
A-t-il toujours la protection d'Allah ?

Où est le ciel, où est la terre
Et l'unique Mosquée
Qui ne sait répondre et place son tapis
A-t-il toujours la protection d'Allah ?

Dans ce climat malsain, la fièvre terrasse un grand nombre de compagnons. Chaque matin, on en attache un nombre sans cesse croissant sur les flancs des bêtes, leur faiblesse les rendant incapables de poursuivre la marche commune. Certains rendent la vie durant le jour et l'on compte chaque soir le nombre de victimes.

La fièvre gagne toutes les catégories de voyageurs, esclaves et puissants. L'inquiétude devient grande quand elle touche l'entourage immédiat du souverain.

Il y a comme un raidissement de tous quant meurt l'esclave préférée du Roi, une jeune et très belle femme originaire de Bagdad, capable d'improviser les plus subtiles poésies et de faire naître de fines musiques d'un curieux instrument venu, dit-on, de Tabriz.

Certains attribuent son décès au riz du pays de Gourara. D'autres au venin infiltré dans les magasins de vivres, d'autres encore à ces pluies interminables qui pénètrent toutes choses.

La jeune femme partageait la litière et la couche de Kankan Moussa depuis plusieurs semaines. Le Roi ne dort jamais seul sauf la nuit précédant la prière publique.

Le souverain aimait la compagnie de cette jeune étrangère, son raffinement, sa connaissance des pays lointains, les trésors accumulés dans sa mémoire précise où se trouvaient rassemblés les œuvres des poètes les plus éminents, les récits des grandes épopées et des contes les plus étonnants.

Chacun avait compris l'intimité de cette femme avec son Roi quand, un soir de grande fête, il lui avait demandé de réciter quelques poèmes. Elle s'était levée, son long corps de porcelaine parfaitement découpé dans une tunique de pongée blanche aux lisières brodées de fines perles d'ambre, ses cheveux retenus par un simple cordon de fils d'or et d'argent tressés. D'une voix pleine et douce, elle avait repris les mots superbes du grand poète persan Bachar Ibn Bourd[14] :

«Je sortirai de ce monde
Et votre amour
Toujours vivant, dans cette poitrine
Sous mes côtes décharnées
Personne jamais n'en sentira la présence

Entre la tristesse
Et moi-même
J'ai noué de longues relations
Qui ne cesseront plus jamais
À moins que ne cesse un jour
L'éternité.»

Puis, après une pause et se tournant vers le Roi, le regard fixé sur cet homme beau et jeune, elle avait déclamé :

«Reçois donc mes remerciements
Car pour moi la reconnaissance

—————————

14. Bachar Ibn Bourd, mort en 783.

D'un serviteur est un bienfait
Que Dieu récompense en retour

À chaque époque, un homme
Unique offre un exemple aux autres hommes.
En ce temps où nous vivons
Toi seul sans doute es le modèle[15]. »

Ce soir-là, observant les attentions du souverain pour leur « concurrente », les autres esclaves en attente des faveurs royales avaient compris que cette femme occupait dans le cœur du Roi une place unique. Elles avaient alors relancé leurs calomnies à son sujet en les amplifiant. La rumeur avait fait le reste.

Le Roi était sous influence. La femme de Bagdad inventait des jeux de nuit d'une perversité totale. Elle disposait de nectars puissants et mercureux ruinant la pudeur naturelle du Kankan Moussa et provoquant chez lui des élongations du corps et de l'esprit, superbes et ruineuses. On raconte que l'usage de ces drogues provoque à terme des névroses fatales et, à court terme, des nébulosités dont les unes et les autres prétendaient avoir fait une observation directe.

Dans leur langage d'envie, on la nommait du doux nom de « pondoir », de « pondoir royal ». On l'accusait aussi d'avoir introduit son amant auprès du Roi à titre de masseur. C'était un jeune et superbe esclave acheté le même jour par l'intendant du royaume pour l'offrir à son souverain.

---

15. Ibn Al-Roumi, 836-896.

Ce poquet ne s'arrêtera donc jamais, disait-on en voyant passer les deux enfants de Bagdad, devenus l'un et l'autre les intimes du Roi.

Les secrets de la couche royale sont justement des secrets !

Nul ne sut jamais de quoi étaient faites les nuits du Roi avec son esclave préférée quand ils étaient «une vêture» l'un pour l'autre comme dit le Coran, sinon que cette dernière jouissait d'une préférence manifeste. Cette préférence s'étendait aussi au concitoyen de celle que le Roi appelait du nom mystérieux et codé : «*notre écluse*».

Les sentiments du Roi, ses choix, ses amitiés, ses préférences étaient abondamment commentés le soir sur les *tapa*, mais jamais au grand jour ou en groupe.

On ne savait pas à l'époque, on ne saurait jamais la nature de la relation qu'il entretenait avec la jeune femme de Bagdad et son ami, sinon que cette relation était différente des rapports qu'il entretenait avec les autres esclaves. Le soir des funérailles de sa préférée, le Roi laissa tomber ce mot grave : «*nous sommes bien seul désormais.*»

D'autres rumeurs refaisaient également surface. Entre autre celle voulant que le pèlerinage soit expiatoire, le Roi ayant tué sa mère par inadvertance.

Le corps de la jeune femme de Bagdad, revêtu de son vêtement mortuaire et enveloppé dans une natte faite de feuilles de palmiers, fut déposé sur le sol dans la cour de la tente royale.

Le laveur des morts l'avait nettoyé et parfumé. Il avait placé dans la gorge de la défunte des feuilles de jujubier, symbole de la survivance de l'âme. Un large cercle s'est formé autour de cette enveloppe longue et fine. Le Roi s'avance et prend place un pas devant le cercle. Alors l'Imam fait une longue prière, la foule murmurant les formules communes, « *Dieu est le plus grand...* »

Suivis par le Kankan Moussa, six hommes portant le corps, conduisent le cortège hors du campement, au lieu prévu pour la sépulture. La jeune femme de Bagdad est couchée sur le côté droit, la face en direction de la Sainte Mosquée, dans une fosse profonde au milieu du Sahara. Le souverain s'avance le premier et lite la première couche de terre. Quand la fosse est comblée, le jeune esclave de Bagdad trace dans le sable le nom de Fatima, afin d'alléger la terre sur le corps de son amie disparue. L'Imam alors récite la sourate de la purification annonçant la lumière d'Allah.

La présence du Roi à ces cérémonies suscita maints commentaires. Les services les rapportèrent au vieil intendant qui avait du Roi une connaissance intime. Tout ce bavardage lui sembla sans intérêt et sans effet. Il avait à l'esprit la confidence de son souverain : « *Nous sommes bien seul désormais.* »

C'est une caravane marquée par plusieurs semaines éprouvantes, physiquement et psychologiquement, par l'inquiétude des hommes et la désolation de la terre, qui s'installe près de Ghat, l'un des plus importants carrefours du Sahara. La grande route traversant le continent d'Est en Ouest y croise la piste du Nord-Ouest en direction de Kairouan et de l'Ifrikiya. Ici, tel un triangle éphasé, se rejoignent Le Caire, Tunis et Ghat. Dans cette agglomération peu remarquable à la mosquée modeste et aux basses maisons, le va-et-vient des voyageurs crée une animation contrastant avec l'isolement ressenti sur la longue piste empruntée depuis Buda. Certes, les caravanes ne s'y attardent pas et, sur le marché couvert de *Jerid* le volume de leurs échanges est somme toute assez modeste. Mais Ghat est un lieu de rencontre et cela crée la vie.

Le campement royal contraste dans ce lieu de passage. Il y règne une atmosphère de résurrection. Le temps est enfin clément, l'air léger, l'eau abondante, et les vivres sont frais. Les courriers reçus de Niani se font rassurants après une longue période où les nouvelles avaient semé inquiétude et désarroi.

Un début de sécheresse sévissait au nord du royaume. La situation était devenue rapidement difficile, très difficile. Les populations avaient commencé à se déplacer à la recherche de pâturages et d'eau.

Tous avaient en mémoire les événements tragiques de la dernière grande sécheresse, la misère des humains, la désolation des terres, la mort de milliers d'hommes et la disparition complète du cheptel. Soudain, les sols s'étaient transformés en granit crevassé sur lequel glissait une fine poussière brûlante. Il ne restait plus nulle trace de la moindre mousse, nulle vie à cent mètres de profondeur.

La chaleur absorbait l'air et brûlait tous les horizons. Le désastre s'était résorbé lentement. Il avait fallu plus de vingt ans pour recréer la vie dans cette désolation, vingt ans de dur labeur. À la pensée de revivre une telle calamité, chacun entrait dans un silence de mort.

Les coursiers les plus récents apportent de bonnes nouvelles. La pluie est venue et, pour l'instant, tout danger semble s'éloigner du royaume. En guise de reconnaissance, le Roi dote Ghat d'une *madrasa* superbe et fait mettre en réserve deux coffres de pièces d'or non travaillées pour les pauvres du Caire.

Le campement grouille d'une intense activité. «*Tout doit être remis à neuf comme au départ de Niani*», a ordonné le grand chambellan. Chacun s'affaire à cette tâche.

Pendant ce temps, le Roi accueille deux groupes de visiteurs, le premier en provenance de Tunis, le second de Kairouan.

Le conseiller du Sultan Abou Yahia de Tunis a demandé à rencontrer le souverain. Il vient à l'audience avec un jeune disciple d'Ibn Quaddah, l'un des plus grands juristes de son temps dont les décisions de justice, les célèbres *fetwas*, sont connues, commentées et appréciées dans tout l'Empire. Juridiques, ces décisions empruntent aussi à la philosophie. Ibn Quaddah, s'inspirant des idées d'Ibn Sina[16], cherche à départager en toute chose l'éphémère et le durable, la part d'immortalité et la part de finitude dans le labyrinthe de l'action humaine.

Le jeune disciple illustre cette recherche en citant le poème de l'âme que son maître, dit-il, ne cesse de rappeler[17] :

Tombée du plus élevé des cieux, une colombe
Est en toi, noble et fière.

Nul voile ne la cache et pourtant, nul regard,
Même d'initié ne la voit...

Elle a quitté pour toi son séjour céleste
Pour tomber en ce terrain aride.

La lourde matière s'est attachée à elle
Et elle a vécu en ton corps, ruine périssable...

Qu'est-elle descendue faire du haut des cieux
Vers ce bas monde misérable ?

Si Dieu l'y a précipitée, son intention reste cachée
Au plus subtil entendement des hommes.

Le Roi sait que la ville de Kairouan a acquis dans les siècles une posture unique de ville sainte.

Là se sont fixés les premiers venus de la péninsule arabique dans cet Ifrikiya installée au cœur de la Berbérie orientale.

---

16. Avicenne.
17. Ibn Sina, poème de l'âme.

Là se trouvait le centre du pouvoir de la dynastie des Aghlabides dont le rayonnement fut remarquable au nord du continent, mais aussi en Sicile et à Malte qu'ils dominèrent.

Les premiers, c'est-à-dire les bâtisseurs venus voilà sept siècles, avaient connu Mahomet. Leur œuvre immatérielle s'était répandue sur toute la terre de l'Islam. Les docteurs malekites avaient contribué à faire de la ville créée par Sidi'Oqba un centre théologique d'une formidable influence. On y venait de tous les horizons pour entendre la prédication et les enseignements des maîtres et notamment des fils d'El Forât, Sahnoun et Asad. Ces derniers avaient revu la doctrine sur les attributs de Dieu, et ciselé dans une langue magnifique le discours sacré sur l'innommable.

Toute sa vie, le Kankan Moussa évoqua Kairouan tel que ses visiteurs de Ghat le lui avaient fait connaître.

Dans la vallée de Kairouan, un spectacle insolite s'offre à l'admiration et à la compréhension de l'observateur.

En dehors des murs de la ville, d'innombrables cimetières rassemblent des milliers de petits monuments à dômes. Chacun d'eux est unique. D'innombrables formes donnent à ces maisons naines l'allure d'une œuvre insolite façonnée avec attention et respect pour loger les corps et les esprits jusqu'au jour du relèvement et du jugement définitif.

Toujours en dehors des murs de la ville, l'ensemble de Cabra où s'installèrent les princes de la lignée des Fatimides n'est plus que l'ombre de lui-même. On y voit les ruines des grandes demeures construites voilà près de quatre siècles, les dessins effacés des grands jardins autour des plans d'eau où se miraient certaines des plus belles résidences du monde. L'une d'entre elles, la résidence de Raggâda, est toujours entourée d'une légende séculaire. L'endroit, dit on, était garant d'un repos et d'une quiétude qui refont l'esprit, « ancre le cœur » de l'homme et recréent son lien avec l'Innommable.

Entre ces cimetières et ces villes, des oliveraies, dont les fruits et l'huile ont fait la prospérité de Kairouan, coupent l'horizon et offrent en bonne saison une ombre éphémère à ces terres brûlantes. Et près de la ville, cette autre merveille, la grande citerne construite voilà plus de trois siècles, l'un des plus importants monuments de génie construits dans le temps.

Le Roi interroge ses invités sur l'évolution de la ville depuis qu'elle n'est plus ce centre unique relié au Commandant des croyants installé à Bagdad, la puissante capitale des Aghlabides.

On lui répond que le Bey de Kairouan est d'une dynastie nouvelle, les Hafsides, qui cherchent à faire reconnaître l'autonomie de leur territoire et la légitimité de leur autorité par l'Empire voisin des Almohades.

On lui explique que Kairouan, malgré ses déboires, demeure ville sainte. Elle abrite toujours la célèbre grande mosquée. Certes, la théologie pure et savante, dominante durant une longue période, a cédé la place au culte mystique, au rayonnement de l'ascétisme. Mais Kairouan offre toujours à l'admiration des visiteurs, les monuments ordonnés de son passé prestigieux. Ce sont d'immenses minarets qui ouvrent sur la perspective de superbes coupoles, les bassins des Aghlabides au nord de la ville avec leurs larges remparts et leurs contreforts géants, le célèbre puits miraculeux Bir Baroûta, le minaret d'origine, fier survivant de toutes les reconstructions de la grande mosquée et qui, depuis près de sept siècles fixe, la *kibla*, l'orientation vers La Mecque pour toute cette partie du monde.

Depuis son enfance, le Roi a souhaité connaître la mosquée de Kairouan dont ses maîtres lui parlaient avec vénération comme d'une œuvre architecturale unique et un haut lieu de la prédication. Il écoute ses interlocuteurs lui décrire la sainte maison.

L'immense cour dallée est entourée de vastes galeries et au fond, sur la façade de la salle de prière, douze arches disposées également de chaque côté d'une arche monumentale supportent le dôme intérieur de la mosquée. L'ensemble est majestueux.

S'offrent au regard la somptueuse colonnade délimitant l'espace sacré, son ordonnancement parfait jusqu'à l'arche centrale, et les portes colossales, véritables chefs-d'œuvre en dentelle métallique.

La grande salle de prière est couverte de tapis colorés. Elle est faite de travées délimitées par de puissantes colonnades aux chapiteaux uniques. Ses arches donnent à cet espace un peu sombre une ambiance infinie et mystérieuse. Le plafond en caisson repose sur une large frise à inscriptions. La chaire est composée de multiples carreaux ciselés formant un ensemble massif et diaphane. De grandes lanternes en cuivre produisent une lumière fragile qui fait varier les nuances et les couleurs des poutres peintes, et créent des formes mobiles animant lentement la fameuse salle de prière.

L'intérieur de la vaste coupole abonde de rosaces creuses et pleines, de rubans d'étoiles de pierre ornées de feuilles d'or étalées, de frises solides et fortes où se croisent nervures, lobes et grappes.

Longtemps après son retour à Niani, le souverain, puisant dans sa mémoire fidèle, décrit la mosquée de Kairouan à des interlocuteurs surpris d'apprendre qu'il ne l'a jamais visitée.

La caravane est rénovée, les magasins et la réserve d'eau reconstitués, les hommes et les bêtes reposés, on peut quitter Ghat, reprendre à nouveau la route du désert, une route bien différente. À intervalles réguliers, on va rencontrer des villes importantes, Zawilah, Zilah, des sanctuaires érigés à la mémoire des saints disciples. Au terme de cette traversée du continent, de l'Ouest à l'Est, Le Caire, l'une des étapes les plus attendues de ce pèlerinage unique.

LE CAIRE

L e grand voyageur et reporter Ibn Battouta visite Le Caire la même année que le Kankan Moussa. Il la décrit « comme la maîtresse des régions étendues et des pays riches, atteignant les dernières limites du possible par la multitude de sa population et s'enorgueillissant de sa beauté et de son éclat».

Le Sultan du Caire qui accueille en 1324 le Kankan Moussa dirige la première puissance du monde entre la Méditerranée et la frontière de la Chine.

L'Empire dirigé depuis Le Caire inclut, l'Égypte, la Syrie, la Palestine et le *Hedjaz*. Il a sous sa protection l'ensemble des lieux saints, Jérusalem, Médine, La Mecque.

Le Sultan a regagné le pouvoir en 1310 pour la troisième fois et l'occupera jusqu'en 1341. À 40 ans, Mohammad El Nasir est l'un des hommes les plus puissants de la planète.

Son long règne de trente et une années marque l'apogée de l'Empire Mamelouk et de sa capitale, Le Caire, nommée alors par l'illustre historien arabe Ibn Khaldoun « *la Métropole de l'Univers et le Jardin du monde*».

Avec ses deux cent mille habitants et ses deux cents lieux de prière, son cosmopolitisme, son multilinguisme, ses gigantesques travaux, ses grandes bibliothèques, Le

Caire est la capitale de l'Islam, un centre intellectuel et scientifique sans équivalent, une plaque tournante de la finance et du commerce international, un haut lieu de la création culturelle, notamment en littérature et en architecture. Cette stature unique repose sur une gestion politique rigoureuse, une fiscalité exigeante et une puissance militaire sans égale. Une conception aussi de la puissance publique et du rayonnement de la dynastie illustrée par un protocole précis et exigeant, une politique de grands travaux religieux et civils et l'accueil des meilleurs esprits de l'époque dans tous les domaines de la connaissance.

Ce sont les vastes mouvements de populations et d'idées déferlant depuis l'Asie Centrale qui se sont sédimentés au Caire au milieu du XIIIe siècle après la prise de pouvoir politique par la minorité turque qui contrôlait déjà la puissance militaire. Au milieu du siècle, les anciens esclaves saisirent le pouvoir et installèrent à la direction de l'Empire Baibars Ier.

Telle est l'origine de l'autorité de Mohammad El Nasir, Sultan du Caire, chef de l'Empire, garant de l'orthodoxie sunnite, hôte du Calife de Bagdad, protecteur des lieux saints. Ce Turc d'origine qui parle, outre la langue turque, l'arabe, le persan et le mongol, se fait le protecteur des minorités ethniques et religieuses et c'est l'un des grands bâtisseurs de tous les temps.

Ce n'est pas diminuer le génie politique de l'homme que d'évoquer les conditions objectives qui assurent la grandeur du règne de Mohammad El Nasir.

D'abord le besoin de stabilité politique après vingt années marquées par la plus constante violence au plus haut niveau de l'État : assassinat du Sultan Ashraf Khalil en 1292, élimination de son successeur âgé de neuf ans l'année suivante, déposition du Sultan Adil Katbouga en 1296, meurtre de son successeur en 1299 et instabilité chronique durant la première décennie du XIIIe siècle.

Dans ce contexte, le Sultan du Caire n'est pas au-dessus des factions et de luttes de pouvoir. La fureur du temps et ses origines militaires l'obligent à maîtriser et à maintenir la coalition dont il tient son pouvoir et qui peut, en tout temps, le lui enlever. L'Empire Mamelouk est d'abord une oligarchie militaire ; le Sultan, l'expression de cette réalité.

La réinstallation de Mohammad El Nasir en 1310 coïncide avec la fin de la période dite « d'enfer » qui a marqué le monde et l'Empire à la jonction des deux siècles. Sécheresse en Égypte, en Syrie et dans le *Hedjaz*, sécheresse, disette et famine, disparition des plus faibles par dizaines de milliers, cadavres putréfiés dans les villes, épidémies et violences de toute nature, discrimination à l'endroit des Juifs et des chrétiens. Bref, près de deux décennies sanglantes et sans autre horizon que cette ambiance d'enfer dans tout le territoire de l'Empire. En Égypte, cette ambiance a été aggravée par une série de forts séismes détruisant les plus solides constructions, les réseaux d'irrigation, les puits, et faisant du Caire une ville lézardée.

Enfin, des convulsions majeures en Palestine et du côté de la Syrie ont précédé ce temps de fureur et d'épreuves.

En Palestine, les chrétiens, adorateurs de la croix, lancent un nouvel assaut pour conquérir et dominer les lieux saints et les vastes territoires qui les relient. La puissance des Francs est considérable. Depuis la fin du XIᵉ siècle, ils ont successivement conquis la Petite Arménie, Édesse, Antioche, Tripoli et finalement Jérusalem, en 1029. Mais le nouveau royaume franc ne dure que 75 ans avant d'être réduit à un étroit couloir entre Tripoli et Saint-Jean d'Acre. Les batailles de Tripoli et de Beyrouth ont assuré la suprématie des Mamelouks et la déroute définitive des agresseurs venus des terres lointaines, au-delà de la Méditerranée.

En Syrie, les Mongols font des avancées stratégiques importantes, notamment la prise de Damas. La puissance militaire des Mongols est, elle aussi, considérable. Depuis le début du siècle, ils ont conquis une partie de l'Inde, et, en 1220, saisi le pouvoir en Perse.

La guerre du Proche Orient est totale, la victoire privilégiant successivement les deux camps. Tortures et carnages marquent des affrontements sans loi ni foi. Finalement, les Mamelouks l'emportent, mais le pays est détruit, la ville de Damas réduite en cendres et la population décimée. Derrière ces conflits majeurs se dissimulent des intérêts économiques considérables, notamment la maîtrise des grandes routes, telle la transanatolienne reliant la Méditerranée et la Mer Noire.

Certes, les envahisseurs ont été contenus et leurs avances stoppées. Mais il reste des poches de résistance capables de créer instabilité et inquiétude.

Mohammad El Nasir installe son pouvoir sur la mémoire de ces terribles épreuves, leur souvenir et leur dépassement.

Le Roi de Niani apprend cette histoire de tyrannie et de victoire et redessine dans son esprit l'image du Sultan du Caire, témoin et acteur de ces décennies spectaculaires et tragiques où l'Empire aurait pu basculer dans une déroute totale. C'est le contraire qui s'est produit. L'Empire a traversé ces terribles épreuves et en est sorti consolidé et assuré de sa prédominance dans les affaires du monde.

Mohammad El Nasir, Sultan du Caire, premier Émir de l'Empire, hôte du Calife de Bagdad, protecteur des lieux saints, envoie des émissaires auprès du Pèlerin noir dont l'immense campement aux portes de la ville suscite curiosité et intérêt. Il lui fait tenir un message de bienvenue, lui offre l'hospitalité dans un palais de la ville et l'invite à se rendre au «château de la montagne» pour un entretien prolongé. Ces amabilités s'accompagnent de somptueux présents : une *khibah* somptueuse fabriquée par les couturiers du Sultan, vingt chevaux sellés et bridés, une édition du Coran sur parchemin avec enluminures rouges, bleues et or et à la reliure somptueuse, un Traité sur les inventions mécaniques signé par Al-Gazali, une collection de bouteilles mamelouks translucides avec inscriptions vermeil à la gloire du Prophète, des lampes de mosquée en verre rehaussées d'incrustations polychromes et deux énormes chandeliers en cuivre ciselé.

En retour, Moussa fait porter au Sultan un coffret rempli de cauris fabriqués en or massif et dix coffres de pierres d'or non taillées. Il fait aussi distribuer vêtements et vivres à plus de dix mille harfouches, ces gueux si nombreux au Caire.

Le Sultan du Caire s'est fait amical et insistant en proposant à son «frère dans la foi» de le recevoir avant la prière du vendredi, soit le lendemain même de la visite de ses émissaires au campement royal.

Le Kankan Moussa évoque la nature purement religieuse de son voyage, les fatigues de la route et les difficultés protocolaires que sa venue au Palais susciterait. À la vérité, le Roi de Niani craint toute posture ou toute procédure créant en apparence ou en substance l'allégeance au Sultan du Caire. Ayant obtenu les assurances recherchées, il donne son consentement à cette audience à laquelle, en vérité, il attache le plus grand prix.

Au jour convenu, le *Mehmendar*, chef du protocole du Sultan du Caire vient chercher le Roi de Niani dans son campement pour le conduire auprès de son maître au Palais de la Citadelle. À la tête d'un long cortège où se mêlent les envoyés du Sultan et les nobles de la cour du Kankan Moussa, ce dernier entre dans la capitale et emprunte ses grandes avenues. La lente procession fermée par un détachement de la garde personnelle du Sultan suscite intérêt et curiosité. Les avenues ont été dégagées et de chaque côté, ou sur les places, des groupes se sont formés. Certains sont restés sur leurs dromadaires. D'autres tiennent leurs bêtes en laisse. Certains se sont assis à même le sol et boivent du thé. Des grappes de curieux bordent les terrasses et les boutiquiers se tiennent sur le seuil des portes... Sculpteurs, bronziers, tisserands, copistes et orfèvres regardent passer l'invité du Sultan, pour eux un illustre inconnu.

L'expression populaire qualifiant les noirs de « corbeaux des arabes » s'efface d'un seul coup des esprits et du langage.

Sur son coursier blanc, le Roi a fière allure dans sa longue robe d'Alexandrie rehaussée d'une gaze à dessins d'animaux bordée de castor et brodée d'or, un turban en mousseline soyeuse ornée de pierreries et un long sabre damasquiné. Il porte aussi deux bagues monumentales aux pouces, signes de force physique et spirituelle.

Le Palais de la Citadelle ou le Château de la Montagne est la résidence officielle du Sultan du Caire depuis trois quarts de siècle. Récemment agrandi, le Palais domine la ville.

Le Roi traverse la *Kaa*, la grande cour cruciforme et entre dans l'immense demeure par la salle de réception des ambassadeurs, le grand *Diwan* récemment terminé. L'espace est circonscrit par trente-deux colonnes de granit rose d'Assouan hautes de huit mètres et supportant un dôme superbe aux caissons octogonaux rouge sang rehaussés d'or. Le pavement polychrome enlace les marbres colorés avec une invention subtile et définitive.

On fait attendre le Roi et sa suite dans cette magnifique enceinte avant de le conduire dans le *Qasr*, la salle des audiences privées du Sultan. Faite de marbre blanc et noir, la salle des audiences est remplie de taches de lumière sur les murs et le pavement créant, grâce à un double de vitraux, une somptueuse impression de légèreté.

Au fond du *Qasr*, le Sultan se lève et fait quelques pas vers son invité. Le maître du Caire est plus petit que le Roi et semble figé dans son ample tunique de velours et sous son lourd bonnet de brocard rehaussé des dessins califiens officiels.

Le Roi s'incline profondément et embrasse le sol :

« *Je me prosterne devant Allah qui m'a créé et mis au monde.* »

La voix est forte et grave, la maîtrise de la langue arabe impeccable.

Le Sultan s'avance plus près de son visiteur et l'accueille par la formule universelle :

«*Allah est grand et Mahomet est son Prophète.*»
Puis les deux hommes prennent place sur des trônes voisins pour leur entretien.

À distance, les dignitaires des deux cours, celle du Caire et celle de Niani, observent cette première : la rencontre de l'homme le plus puissant de la terre avec l'homme le plus puissant d'Afrique.

Comme le Roi l'a fait à son sujet, le Sultan du Caire a écouté avec grande attention ses conseillers évoquer la nature et la dimension du pouvoir de Moussa, le système de gestion du royaume, l'ampleur du territoire sous son autorité, la description aussi des richesses de l'Empire qui dispose de l'une des plus importantes réserves d'or connues, d'une grande capacité de production du sel, d'un accès quasi illimité à la ressource forestière et notamment à des essences rares sinon exclusives au continent africain.

Il sait aussi que la religion du Prophète a connu une expansion considérable dans cette partie du monde, et que son jeune visiteur est un lettré, un lecteur assidu du Coran, des *tafsirs* et des plus importants *hadiths*, un homme réputé à la fois pour sa rudesse politique et son désir d'être reconnu pour sa piété et sa clémence.

Après les salutations d'usage, le Roi de Niani remercie le Sultan pour son accueil fraternel. Il lui exprime son admiration pour la splendeur du Caire. Il fait référence à l'abondance de minarets et de dômes, aux grands monuments visités dont le tombeau et la *madrasa* de Kalaoun, avec ses vitraux polychromes, sa porte monumentale de bronze, sa *claustra* de bois ; au tombeau de Baibars ; à la *madrasa* Annasiriya, à la mosquée érigée par le Sultan près de la citadelle avec son minaret cylindrique et son *mihrâb* serti de pierres précieuses. Enfin, son hôte le félicite pour l'ampleur de ses œuvres : mosquées, *madrasas*, *khaukas*, hôpitaux, fontaines, écoles, maisons pour les nécessiteux construites dans la capitale et dans l'Empire. Ce sont là autant d'hommages rendus à l'unique Seigneur, le Créateur et le Miséricordieux.

Bien qu'il ait une connaissance fine de la langue arabe, le souverain de Niani utilise sa langue maternelle et le service d'un interprète de sa suite.

> « *Mon frère, reprend le Sultan, vos paroles me touchent profondément. En effet, nos œuvres et celles de nos prédécesseurs ont pour objet la gloire de l'unique Seigneur et le bien-être de nos sujets selon les instructions du Prophète. Je connais aussi l'ampleur des vôtres, la multiplication des maisons de Dieu sur votre passage à Tombouctou, à Doukoureï, à Goudam, à Direï, à Quanko, à Bako, votre générosité pour les populations rencontrées sur votre route, votre soin des plus démunis selon les instructions du Prophète.*

> *Nous avons l'ambition de refaire notre ville. Ces œuvres sont rendues possibles par la paix prévalant dans l'Empire, jusqu'aux lointaines terres des Indes où règne notre cousin, le Sultan Mamelouk de Delhi. La prospérité des temps succède à une longue période de pénuries, de disettes et d'épidémies ; la stabilité du pouvoir, à une pénible succession de coups et d'usurpations dont certains d'une extrême violence.*

> *Moi-même, j'ai dû céder le pouvoir à deux reprises. Le poème d'Ibn Mougha, le père de notre écriture, né à Bagdad, exprime bien ce que j'ai vécu alors :*

"La fortune me fut hostile l'espace d'une demi-journée : il n'en fallut pas plus à mes amis pour fuir, mettant le plus de chemin possible entre leur troupe et ma personne".

Ces temps sont révolus. La paix extérieure et la paix intérieure sont désormais conjuguées. La tolérance s'exerce à l'endroit des minorités religieuses et des étrangers qui conservent leur propre système juridique pour la gestion de leurs propres affaires internes, mais la justice est la même pour tous. Les lois spéciales les concernant ont été abolies.

Nous prenons la peine de rendre la justice nous-même deux fois la semaine. Nous examinons les plaintes, interrogeons les plaignants et tranchons en cherchant à nous rapprocher de l'équité de Dieu.

Notre capitale parle toutes les langues du monde. Les savants s'y installent avec notre bénédiction. Les architectes trouvent ici appui et travail, les écrivains nous rejoignent, les bibliothèques abondent, les grandes écoles, les ateliers spécialisés aussi.

Devant une telle accumulation de richesses et de puissance, certains croient que le génie de l'homme est illimité et que ses réalisations sont et seront sans limite. Ceux-là sont des blasphémateurs !

Les grandes routes sont sécurisées de Byzance à La Mecque, de Tripoli à Tabriz, de Grenade à Jérusalem. Les courriers sont fiables. Des milliers de Kham, ces fameux caravansérails faits d'un puits d'eau et d'un gîte sont partout accessibles. De grands aqueducs et de vastes réseaux de canaux sont construits ou agrandis tel celui qui, depuis le Nil alimente notre capitale. Notre armée est installée dans tous les avant-postes et dans toutes les grandes villes de l'Empire. L'économie et le commerce convergent dans notre capitale, la première et la plus riche ville du monde. Nos vassaux, les émirs mamelouks ont compris que leur prospérité découle de la nôtre. Nos revenus sont constants et personne ne s'en exclut. La grâce et la bénédiction du Dieu tout-puissant protègent nos terres et nos peuples. Nos prières et nos efforts doivent mériter durablement cette grâce et cette bénédiction.

Certes, la béatitude appartient à l'autre monde. Mais notre système, qui couvre l'Eurasie, de la frontière Nord de l'Andalousie jusqu'à la Chine du Nord en passant par la Syrie et les terres de l'Asie Centrale, pour perfectible qu'il soit, offre au plus grand nombre les conditions de leur aisance terrestre.

Puis, après une longue pause, le Sultan, fixant le Roi intensément, reprend la parole :

Comme vous le savez, nous sommes protecteur des lieux saints et le Calife Abbasside de Bagdad réside dans notre ville. Nous sommes aussi le gardien des enseignements du Prophète contre les imposteurs qui, dès l'ouverture de la succession, ont trahi et travesti le message. Ceux-là sont des incroyants. Ceux-là doivent être combattus.

Votre royaume, dont la grandeur et la richesse sont des dons du Très-Haut, doit renforcer de son adhésion fervente l'héritage d'Abraham et la sauvegarde de l'enseignement du Prophète.

Le Roi évite de répondre à cette invitation dont l'ambiguïté aurait pu être interprétée comme une allégeance du Pèlerin noir, Roi de Niani, au protecteur des lieux saints, le Sultan du Caire.

Nous partageons avec vous à la fois la connaissance des quatre-vingt-dix-neuf noms divins et la recherche du centième de ces noms, le Grand Nom, celui qui illumine l'essence cachée de Dieu. Vous et moi, nous sommes d'une même connaissance concernant l'affirmation de l'unicité divine, l'obéissance à Dieu et l'abstention de tout acte illicite.

Ces connaissances communes nous situent ensemble dans la même adhésion fervente à l'héritage d'Abraham et à l'enseignement du Prophète.

Je constate par ailleurs la similitude d'intention dans nos politiques et les vôtres.

Nous profitons nous aussi d'une longue période de paix extérieure et intérieure. De plus, la sûreté est complète et générale sur l'ensemble du territoire de notre royaume. La justice est la même pour tous et les minorités venues d'ailleurs jouissent d'une protection particulière en raison notamment de la tolérance profonde de nos sujets. Permettez-moi d'illustrer mes propos d'un exemple. Au décès d'un homme blanc ou d'un étranger, ses biens sont déposés chez un homme de confiance de sa race et nous recherchons les ayant droit aussi éloignés soient-ils. Nous prenons nous aussi la peine d'entendre les plaignants, d'interroger les parties et de rendre la justice. Nous cherchons à la conjuguer à la clémence, tant la défense des faibles répond aux injonctions du Prophète.

En saluant son visiteur, Mohammad El Nasir l'informe qu'un palais est mis à sa disposition au pied du Mont Moggataru, dans le voisinage fameux des tombeaux des Mamelouks, et qu'il bénéficiera d'une protection particulière sur la longue route entre Le Caire et La Mecque. L'émir de la caravane du Caire assurera la sécurité du Roi et de sa suite, et des postes pour l'approvisionnement des hommes et l'alimentation des bêtes seront spécialement aménagés à cet effet.

L'étape du Caire prend une dimension imprévue.

Au lendemain de sa rencontre avec le Sultan, dans le superbe Palais mis à sa disposition, orné de placages de marbre de couleur et de mosaïques, de faïences et de charpentes peintes, de *mugarna*, de voûtes et de coupoles, le Kankan Moussa accueille le Calife Abbasside de Bagdad, formellement le chef des croyants. Il a avec ce dernier une discussion approfondie sur la question de la nature primordiale, l'*Al Fitra*, ce cœur du cœur de la vérité révélée, cette concordance entre le dessin de Dieu et la nature de l'homme. Il reçoit aussi le célèbre géographe Ibn Battouta, l'un des plus grands explorateurs du Moyen Âge, l'émir Baktamur, proche du Sultan et l'un des hommes les plus riches du monde ; le *Kâdhi* des *Kâdhis* du Caire Badr Al-Din Muhammad, l'un des plus grands juristes de son temps ; le philosophe Chems Eddine Al Isbahani, natif d'Ispahan, des architectes, des ingénieurs, le chef des médecins du Caire, des astrologues et les ambassadeurs de Venise et de Gênes.

Sa rencontre avec le philosophe Chems Eddine Al Isbahani fascine le Roi. En conclusion de cet entretien, il laisse tomber : «*Un tel esprit ne devrait jamais disparaître.*» L'interlocuteur du souverain a une connaissance approfondie de l'œuvre d'Avicenne dont les travaux ont touché l'ensemble des savoirs : philosophie, logique, mathématique, géométrie, astronomie, alchimie, musique, médecine... Ces disciplines, Avicenne les maîtrisa et les enrichit d'une façon spectaculaire. Chems Eddine Al Isbahani explique au Roi qu'il y avait la science d'avant Avicenne et celle fécondée par son esprit incomparable.

Le Roi observe la formidable vitalité de cette ville superbe, sa capacité d'accueil de toutes les traditions et cultures, l'ampleur de ses ressources humaines comptant des hommes de science et de réflexion venus des quartiers lointains de l'Empire. Il interroge, puis écoute longuement, interroge à nouveau et écoute à nouveau longuement. Chaque visiteur reçoit un cadeau royal, des pièces de pierres d'or non travaillées. À chacun d'eux, le Roi laisse une forte impression, en raison notamment d'un protocole élaboré, d'une curiosité intellectuelle aiguisée, d'un savoir considérable, sacré et profane, d'une générosité soutenue par une grande richesse.

Longtemps après son départ, les officiers de la cour, les titulaires d'une fonction sultanienne ayant eu contact avec le Roi et le personnel du Palais mis à sa disposition célébreront sa munificence, rappelleront l'ampleur des dons reçus et le raffinement d'un homme hors du commun.

Le souverain s'est lié d'amitié avec le *Mehmendar*, le chef du protocole du Sultan, qu'il comble de ses largesses. Ce dernier facilite les contacts du Roi avec tout ce qui compte dans la capitale. Il fait aussi défiler au Palais de Kankan Moussa les grands marchands du Caire, qui viennent présenter au Pèlerin noir leurs marchandises les plus rares et les plus coûteuses.

Le Roi reçoit les bronziers les plus fameux de l'Empire et fait une ample provision de grands plateaux de cuivre, portant en leur centre la forme d'un soleil rayonnant entouré de médaillons contenant les douze signes du zodiaque, de hauts chandeliers de cuivre rehaussés de longues coulées d'argent conduisant à une pleine lune, des boîtes d'écriture faites de cuivre, d'ivoire et de vermeil, des bassins creux finement décorés d'entrelacs et d'étoiles, des gourdes pour le pèlerinage aux inscriptions de lapis-lazuli, des astrobales où se retrouvent cartes du monde, jeu des astres, représentation des espèces animales, une collection de brûleurs d'encens sertis de petits oiseaux d'argent. Il fait provision de portes Coran en dentelle de bois d'ébène, de lampes, de verres peints et ornés des versets du Coran, d'agrafes d'or et de nacre, de tapis de prière. Il se procure aussi deux jarres monumentales en marbre portant inscription de sourates.

Le Roi fait aussi provision de cinq boussoles, invention révolutionnaire venue de Chine dont l'usage est encore peu répandu. Il se fait expliquer longuement le fonctionnement de ces cadrans gradués au centre desquels est fixée une aiguille dont la pointe aimantée se dirige toujours vers le pôle Nord magnétique.

Les émissaires du souverain parcourent les bazars. Ils amassent de grandes quantités de camphre, de muscade, d'encens, de myrrhe, de plaques de santal, du lin de Bush, des laines d'Al Bahnasa, de la porcelaine et de la soie de Chine, des fourrures de Sibérie.

Tous ces achats sont réglés comptant en pierres d'or non travaillées, à la surprise et au contentement des échopiers.

Ayant constaté l'intérêt manifeste du Roi pour les écrits de toute nature, le Sultan du Caire fait rassembler une grande collection d'œuvres : œuvres générales sur papier s'en tenant au texte sans illustration, mais aussi œuvres produites dans des ateliers spécialisés, celles-là sur papyrus ou parchemin, dont certaines fort anciennes.

Dans la célèbre rue des copistes du Caire, on compte plus de cent cinquante comptoirs de production et de vente. Là, des calligraphes recopient les manuscrits selon la demande spécifique de la clientèle et aussi des œuvres très demandées : des corans, des *tafsirs*[18], des *hadiths*[19], des *fiqhs*[20], des *diwâns*[21]. Certains comptoirs se spécialisent dans la vente d'ouvrages produits ailleurs dans le monde, de Bassurah à Damas, de Mossul à Jérusalem, de Kairouan à Fès et, en haut de liste et en haut de gamme, les célèbres œuvres de Bagdad, sans doute le premier centre de production du monde.

Les envoyés du Sultan ont soigneusement inventorié les œuvres disponibles et rassemblé une collection pour examen par le Roi de Niani.

Accompagné d'un grand nombre de conseillers, ce dernier examine avec soin l'ensemble de ces œuvres, des plus anciennes sur parchemin fait de peau de mouton, de chèvre, de veau, de gazelle finement tannée, aux plus récentes sur papier fait de lin et de chanvre, de chaux, d'amidon et de froment importés de Samarkand et de Chine.

---

18. Commentaires du Coran.
19. Déclarations et actions du Prophète.
20. Ouvrage relatif à la foi religieuse.
21. Recueil de poésie.

Il choisit un grand nombre d'œuvres de production récente et une large sélection d'ouvrages anciens, soit pour leur intérêt historique ou scientifique, soit pour la qualité exceptionnelle de leur illustration.

Dans cette sélection, on remarque plusieurs éditions du Coran, rares et anciennes, dont une en persan richement décorée de médaillons rouge et or ; des *tafsirs* avec annotations, dont une superbe édition d'une œuvre célèbre de Mo'In Al-Dine Ibn - L - Ahâ Mohammad ; un *fiqh* consacré aux rapports entre la foi et la loi et signé par Kâtib Al Itkânî, l'un des grands théologiens de l'Asie Centrale ; des dictionnaires biographiques comportant des milliers de rubriques ; de grandes œuvres poétiques signées Ghyiâth Ibn Ghawth Al-Akhtal, Sharaf Al-Din Muhammad Said Al Bûsîrî, Moshref Al-Dine Sa'a Di, Abû Muhammad Al Qâsim ; de nombreux ouvrages scientifiques, tels un manuel de médicaments pour l'homme, d'Ibn Djazla, le livre d'Euclide sur les éléments, un atlas non signé sur les régions du monde de l'Est jusqu'à l'Ouest, les ouvrages de Sabir Ibn Hayyan consacrés à l'alchimie, les tables astronomiques de Al - K Khawarizni, l'encyclopédie médicale de Haly Abbas, les ouvrages d'Ibn Sina[22], et notamment son Kitab Al-Shifa, les commentaires d'Ibn Rochd[23] sur les œuvres d'Aristote consacrées à l'âme et à la physique, les ouvrages d'Euclide portant sur l'optique, une copie illustrée d'un célèbre ouvrage de vulgarisation consacré aux merveilles de la création et aux curiosités de l'existence, la traduction du livre des herbes de Dioscoride... et un grand èombre d'œuvres de même importance.

---

22. Avicenne.
23. Averroès.

Certains de ces ouvrages sont superbement reliés, la surface restreinte est comme agrandie par une abondance de fins motifs géométriques ou de dessins abstraits. D'autres montrent des incrustations de plantes formant d'intimes jardins, d'amples oiseaux aussi et des bêtes venues des mondes. Ces évocations logées dans des médaillons ou de longs rectangles ouvragés, aussi dans des angles protecteurs formés sur des matrices communes ou originales parfois enrichies de filigranes d'or ou d'argent, de coulées de couleurs absorbées par les cuirs allongés et réinventant la palette de l'arc-en-ciel.

Le Kankan Moussa se fait expliquer chaque œuvre et est émerveillé d'une telle abondance dans cette ville qu'il sait être l'un des tout premiers centres de savoir du monde. Il observe « la pureté de l'écriture, cette transcription de la pureté de l'âme. »

Certes, le savoir rassemblé ou produit dans l'Empire est largement tributaire des Grecs et des Hindous dont les principales œuvres ont été traduites en syriaque à Indishapur entre le Ve et le VIIe siècle, puis en arabe à Damas et à Bagdad. Mais la science produite ici enrichit les œuvres des penseurs anciens.

En optique, les travaux conduits pas Alkindi et Albazen au IXe et au Xe siècle ont décodé les mystères des miroirs sphériques et paraboliques, ceux de Al-Khawarizmi en arithmétique et en algèbre, en complémentarité des travaux des grands mathématiciens hindous Aryabhata et Brahmagupte, ont imposé à jamais le système de numérisation.

En alchimie, les travaux en vue d'accroître le pouvoir de l'homme sur la nature et de dégager un système rationnel d'explication du monde s'inspire d'Aristote. Les œuvres d'Alkindi, d'Alfarah, d'Avicenne et d'Averroès poussèrent loin ces recherches fondamentales.

L'entrée du Palais où séjourne le Kankan Moussa est encombrée de marchands espérant bénéficier des largesses du visiteur et de sa suite. Des Turcs offrent jeunes femmes, esclaves, eunuques, chanteurs et calligraphes ; des tisserands, des étoffes fines dont les célèbres cotons d'Égypte ; des voyageurs de l'extrême Nord de l'Empire, des fourrures rares et précieuses ; des joailliers persans, des pierres précieuses d'Asie.

La ville est pleine des rumeurs les plus fantaisistes sur la richesse du Roi, sa générosité, ses réserves de pierres et de lingots d'or, son goût de la dépense et ses requêtes inusitées. Certains prétendent même que le cours de l'or a chuté depuis son arrivée au Caire, tant il a inondé le marché d'une quantité impressionnante du métal précieux.

LE DÉSERT D'ARABIE

Au Nord de Médine, le peuple des pèlerins se gonfle d'heure en heure. Là se rencontrent, dans un désordre général, les caravanes venues de Damas, de Bagdad, de Jérusalem et du Caire ; de terres encore plus lointaines, de Chiraz, d'Ispahan, de Tamiz en Perse, du Turkestan, du Turcoman, du Kurdistan et, moins nombreux et à part, quelques centaines de pèlerins venus du Soudan.

L'immense colonne humaine offre un spectacle unique. Des hommes de toutes les origines et de toutes les conditions ; pachas confortablement installés dans des litières luxueuses entourés de gardiens vigilants, leur suite voyageant dans des conditions convenables, des femmes assises dans des doubles litières en forme de panier, des malades attachés sur leur selle avec de longs turbans.

À côté de ces convois organisés, des centaines d'hommes marchant par habitude. Rivés à leur gourdin, les pieds enflés et meurtris, ces survivants voient un grand nombre de leurs compagnons succomber aux difficultés de la longue route qui prend, année après année, sa ration de victimes.

On dit que la terre est agitée comme les flots au passage d'une telle multitude et qu'un épais nuage de poussière de sable l'enveloppe.

L'air est suffocant dans ce désert d'Arabie, les derniers bosquets de palmiers et les dernières habitations ont été masqués voilà plusieurs jours par le Mont Ohod. La tradition a fixé dans une formule fameuse la difficulté du lieu : «*celui qui y entre est mort, et celui qui en sort est né.*»

Au sable fin et doux succède un long manteau de petites pierres tranchantes et brûlantes.

Aux cris des hommes se taillant une route dans cette immensité mouvante se mêlent ceux des bêtes, dromadaires, chameaux, chevaux, ânes et mulets chargés et surchargés. Les invocations aussi des pèlerins épuisés et illuminés par cette quête insensée d'une espérance fuyante.

L'ensemble forme comme une ample tapisserie mouvante, où se mêlent fanions éclatants, hautes litières aux coloris flamboyants, longs manteaux des dromadaires aux couleurs franches, carapaçons massifs des chameaux, harnais ouvrés des chevaux, sacs de selle aux ventres gonflés, grandes sacoches brodées pendant de chaque côté des dromadaires, coffres finement ciselés sur le dos des ânes et des mulets et, dans ce nuage de poussière un fond de couleurs éteintes fait des bures épaisses portées par la multitude.

Sur cette route impraticable, une clameur continue ; des mots et des actes de guerre, des prières et de longues citations du Coran, des batailles vite éteintes, des négociations tendues sur les droits de passage, des attroupements autour d'un coupable, l'affaissement des bêtes vite dépecées.

À chaque étape, à chaque arrêt, les criailleries des marchands ambulants offrant à prix d'or les provisions indispensables : bêtes pour le transport, moutons pour le repas du soir, eau, dattes, fruits, raisins, miel, étoffes et déjà, encore loin de La Mecque, le vêtement du pèlerin. Offrant aussi la protection, l'indispensable protection.

Tous ces mouvements ne sont pas toujours fluides. Ils sont aussi faits de l'égarement soudain de troupeaux affolés, de rumeurs d'épidémie, de corps des morts portés sur le dos des ânes en vue de leur sépulture la nuit venue.

Chaque soir, des territoires sont négociés et des tentes par centaines, par milliers dressées : tentes de toile, de peaux de chèvres ou de lourdes bandes de laine.

Les bêtes rassemblées dans les enclos surveillés et des entraves fixées aux pieds des dromadaires, des chameaux et des chevaux ; les feux et les torches allumés ; l'eau achetée dans les *fioumara* : les maladies des bêtes et des hommes soignées ; les moutons tués, la nourriture cuite dans les *docoûts*, les inventaires tenus ; alors la multitude se tourne vers La Mecque pour la dernière prière du jour.

Cette prière faite se lèvent dans ces camps voisins des musiques étranges et des chants puissants, s'entrechoquent des rythmes contraires, le bruit de cymbales, de violes, de harpes et de violons, de tambours venus de tous les mondes.

Des prières sont entendues aussi, les fameux *quassida* exaltant la puissance d'Allah, les splendeurs des pays d'origine, la beauté des femmes aux yeux plus éblouissants que la première lumière, et aux corps plus sublimes que la forme parfaite du monde. On célèbre aussi leur tendresse inventive, leur loyauté inconditionnelle et leur pureté jamais souillée. Telle Fatima, la mère de Hassan et de Hossein, celles-là se laissent voir dans une aura singulière ; ces amantes ardentes ayant la fraîcheur et l'innocence des vierges.

On célèbre enfin le retour auprès d'elles, tout obstacle franchi, tout adversaire abattu, toute épreuve assumée. Ce retour de La Mecque prend alors des allures de second pèlerinage, celui-là visant une autre béatitude et d'autres joies éternelles.

Cet apaisement de la nuit dissimule mal les pires exactions : vols d'esclaves, vols de bêtes et vols de biens ; querelles sur le cadastre des sites pour les hommes ou les bêtes ; négociations tumultueuses et batailles sanglantes ; poursuites et punitions des délinquants venus pour la plupart de cet autre campement, celui-là sommaire où s'entasse dans la plus grande promiscuité le petit peuple des pèlerins, pauvre et démuni, parfois affamé et sans ressource aucune.

Il y a aussi les raids, les razzias, les vendettas attribués aux brigands bédouins, toujours adorateurs de la nature, ces fils des tribus dégradées, sans foi ni loi, profitant de cette aubaine annuelle, les pèlerins, ces nomades inadaptés. Les lames des poignards luisent alors sous l'éclairage des torches, les lames des poignards souillées du sang des victimes.

Le matin venu, sauf les jours de repos où s'arrête la longue marche, dans un même tumulte fait de négociations, de récriminations et de susceptibilités diverses, les campements sont défaits, les provisions renouvelées et les bêtes chargées. La route rocailleuse et peu sûre à nouveau empruntée. Tout se négocie, l'ordre de départ, les territoires pour la fin du jour, l'accès prioritaire aux puits, l'échange de bêtes, la protection et autres précautions utiles.

On voyage aussi la nuit. Des torches sont allumées. Alors se déplace dans les ténèbres une coulée de lumière saisissante et magnifique.

Voilà plus de six siècles, année après année, que le grand pèlerinage crée sur ces mêmes routes la rencontre des fils de Caïn et d'Abel, leur rencontre et leur réconciliation impossibles. Cette migration du grand nombre vers l'unique centre du monde a engrangé dans les mémoires des événements exceptionnels ayant marqué le grand pèlerinage. Et le soir, dans les vastes campements autour des feux, on raconte ces histoires en rythmant chaque épisode de l'unique évocation :

Dieu est grand.
Mahomet est son Prophète.

En ce temps-là, certains se targuaient en vérité d'avoir connu les enfants du Prophète, le grand pèlerinage avait sombré dans l'agonie terrible du vent chaud, le fameux *simoun*. Alors les déplacements des éléments ont mis à nu le feu logé au centre du monde. Les pèlerins survivants doivent choisir ; renoncer au pèlerinage et retourner sans grâce au pays, chargés de cette faute, ou, en encourant les plus grands risques, franchir le gouffre brûlant et aussi se rendre à la première mosquée, vainqueurs de la terrible épreuve. Cette année-là, même les vendeurs d'eau mouraient de soif.

On raconte aussi que du temps du Califat de Bagdad, une épidémie terrible et meurtrière avait touché les bêtes et les hommes. Indifférenciés, les cadavres étaient si nombreux qu'ils servaient de route aux pèlerins. Fallait-il renoncer ou poursuivre, porter son espérance sans autre considération pour ces gisants morts et mourants, les odeurs nauséabondes, les cris de douleur et les râlements de la fin surgissant de cette couche de chairs putréfiées.

Il y eut aussi, dans le même temps, une année terrible. Toutes les citernes et tous les puits avaient été détruits. L'eau, l'indispensable, manquait absolument. On dit que quatre pèlerins sur cinq périrent, les survivants hagards et squelettiques dépendant de l'urine de chamelle...

Le Roi écoute ces récits et tant d'autres. Ces *riblas* célébrant à la fois la Terre sainte enfin rejointe, les faits et gestes merveilleux vécus en ce lieu unique, les révélations spirituelles et aussi la cruauté des hommes, l'épreuve de la route, ses dangers et ses drames.

Certains soirs sont réservés à la musique et à la poésie, à ces fameux *quassida* aux règles strictes et au lyrisme puissant. On y célèbre les hauts faits d'armes, le courage des bêtes et des hommes, l'idéal de la chevalerie. On y redécouvre les fameux textes du grand maître Antara qui a scellé, dès le VIIe siècle, le lien du soldat et de son coursier[24].

«Monté sur son coursier dont le poitrail ensanglanté par une plaie béante
M'avait protégé des fers ennemis
Et il souffrait, et il pleurait se tournant vers moi

---

24. Poète métis, fin du VIe et début du VIIe siècle.

Et s'il avait su parler, il m'aurait parlé
Oui, s'il avait su parler, il m'aurait parlé»

On récite aussi les œuvres sublimes de la grande poétesse Al-Khansa du VIe siècle, qui a gardé puissance et fraîcheur en traversant le temps. Un poème en particulier est connu des amoureux de littérature, poème écrit au lendemain de la mort de Shakhr, le jeune frère de la poétesse[25].

«Les Banou Amr pleurent mille morts
Car leur jeune seigneur les a quittés
Et leur souffrance est sans égale.
Dans une main, il tenait la guerre
Dans l'autre il offrait une générosité sans limite...

Qui désormais offrira l'hospitalité au voyageur
Quand du Nord souffle le vent,
Balayant toute chose,
Et que celui de l'Est lui répond rageusement,
Et que les chamelles pleines, arc-boutées,
                                    désemparées
Cherchent un abri contre le froid cinglant.»

Et dans ce désert à l'eau si rare, les mots du poète Al-Bouhtouri décrivant au IXe siècle la beauté d'un lac prennent une force singulière[26] :

«N'est il pas vrai qu'il n'y en a nul pareil au monde?
Ne surpasse-t-il pas la mer elle-même?...

---

25. Poétesse arabe, fin du VIe et début du VIIe siècle.
26. Poète syrien mort en 897.

Seul le Créateur glorieux a pu le faire.
À voir le reflet des étoiles qui, la nuit, se mirent
dans ses eaux
On dirait qu'une partie du ciel est tombée en lui...

Les jardins qui l'entourent n'ont nul besoin de la pluie,
La seule vue du lac leur suffit... »

Enfin, dominant ces œuvres tant en nombre qu'en raffinement, les éternels poèmes célébrant l'être aimé, la femme si présente et si fuyante, les mots du conteur forain Ben Fared illuminent la nuit :

« Mon âme abusée tente souvent de la retrouver
Dans les lieux où le vent déplie les plis de sa
robe parfumée
M'apportant dans la pénombre des matins son
souffle embaumé.

Je la retrouve encore en pressant mes lèvres
contre celles
D'une coupe, savourant un nectar vermeil dans
un lieu de plaisir...
Elle m'est tout ;

Fortunée est la caravane au sein de laquelle
tu voyages
Dans la nuit obscure
Car l'éclat de ton visage est une œuvre qui guide
sa marche
Fortunés sont les voyageurs qui peuvent aller
leur chemin
Puisque parmi eux une beauté éclatante pareille
à la lune pleine
Les protège de tout danger. »

Sur la route, la caravane de Niani est submergée par la multitude, objet aussi des curiosités du grand nombre. Selon l'ordre du Sultan du Caire, El-Malik an-Nacir, elle fait partie officiellement de la caravane regroupant les pèlerins égyptiens conduits par l'émir Seif Ed-Din Itmis. Ce dernier doit protéger le Roi de Niani dont le statut commande d'importants privilèges pour l'approvisionnement des hommes et l'alimentation des bêtes, les droits de passage et la sécurité tout au long de la route.

Précédé du fanion royal, l'équipage venu de Niani forme l'arrière-garde d'honneur de la caravane. Son encadrement est rigoureux, entre deux rangées de cavaliers à l'extérieur, avec une rangée d'archers à l'intérieur, formant à l'avant et à l'arrière comme une muraille étanche. Ses espaces de nuit ont été négociés longuement à l'avance et sont circonscrits et gardés deux jours avant l'arrivée du Roi. Celui-ci voyage au centre de la caravane, installé dans un palanquin blanc aux bordures d'or avec les compagnons et compagnes de son choix. Sa garde immédiate encercle le véhicule royal suivi d'un second cercle de protection fait des membres de la noblesse et des fils des chefs du royaume commandés par le chef du conseil des notables. Et dans un ordre qui tranche avec le tumulte ambiant, suivent son épouse et ses deux fils, les enfants de sa sœur, ses invités, ses marabouts, ses griots, ses interprètes, les gens de sa maison, les serviteurs de famille ou les captifs de case, les gardiens du trésor et les économes des biens indispensables. Nul ne pénètre dans cette arche fermée et ordonnée qui ne soit autorisé.

La caravane de Niani avance sur cette route difficile, ses deux mille dromadaires donnent à ce monde dans le monde un rythme singulier.

Dès le milieu de l'après-midi, elle est rejointe par une colonne de guide qui la dirige vers ses espaces de nuit. Là, la caravane se scinde en deux parties égales, formant une haie pour le Roi qui, sur son coursier blanc, vêtu d'une culotte bouffante et d'un grand boubou blanc, emprunte la voie ainsi ouverte jusqu'à la tente royale. Là, le plus ancien des griots résume la dernière étape du pèlerinage, les tambours et les cylindres métalliques saluent l'arrivée du Prince, et ce dernier tourné vers l'Est lance la prière de la fin du jour. Suit une brève réunion du conseil.

Le Roi accueille par la suite ses visiteurs dans cet espace unique marqué par la proximité de la mère des cités : vizir de Bagdad, Imam de Jérusalem, grand officier du Caire portant témoignage de l'*Oumma* en l'enrichissant de leur présence, se succèdent auprès de ce pèlerin noir, opulent et subtil, fin lettré et souverain munificent d'un royaume mystérieux.

Le Roi les accueille avec chaleur et déférence, marque leur commune situation dans la *Qibla*, la direction commune de l'humanité vécue par eux avec une vérité partagée, celle qui les a conduits en même temps à effectuer le grand pèlerinage et à se situer enfin dans l'unique rassemblement autour de la *Ka'bah*, la demeure de Dieu et le lieu de la reconnaissance.

Dans mes terres et dans les vôtres, dans toutes les terres du monde s'impose l'orientation universelle vers la mosquée sacrée selon la prescription du Prophète et le précepte du Créateur. Nous atteignons ensemble ce lieu de toutes les espérances. Ce lien consacre notre consentement commun, notre soumission commune à l'unique Souveraineté. Ce lien nous lie à jamais.

Dans cet ordre retenu depuis le départ de Niani, le souverain pose toujours les trois mêmes questions consacrées à l'organisation et à l'exercice de l'autorité dans le pays de son visiteur, à la production agricole, à l'irrigation des terres, à la conservation des récoltes, aux méthodes de stockage, à la gestion des réserves, et enfin, à la pratique de la religion et à sa conjugaison avec les croyances et les rites locaux.

Le temps étant venu, il se lève et gratifie son visiteur de quelques pièces d'or et le reconduit jusqu'à la sortie de sa longue tente où il le confie au chef de sa garde.

Tard dans la nuit, son esprit refait le long voyage entre Niani et la Mecque, entre ce royaume qu'il sait heureux en comparaison des situations révélées par ses visiteurs et ce lieu unique, source de grâce et de bénédiction qu'il s'apprête à rejoindre. En lui s'opère la synthèse, son pèlerinage étant l'intime expérience de sa vie personnelle, mais aussi celle d'un chef soucieux de recueillir les bénédictions divines pour sa famille et son peuple.

Seul dans la nuit, le Roi médite sur le mystère de la table d'Allah, miroir de la substance universelle où est inscrit à l'aide du calame le déroulement de toute existence. Les visiteurs venus du monde entier amplifient et éclairent ce mystère. Ils donnent sens et substance à cette description de la table d'Allah découverte et mémorisée au Caire :

Sa longueur est celle qui sépare le ciel et la terre et sa largeur s'étend entre l'Orient et l'Occident. Elle est nouée au Trône, toujours prête à heurter le front d'Isrâfil, l'angle le plus proche du Trône.

Quand Dieu veut réaliser quelque chose dans sa création, la Tablette cogne le front d'Isrâfil qui la regarde et y lit la volonté de Dieu... Ce dernier regarde vers cette table trois cent soixante fois par jour. Chaque fois qu'il regarde, il fait vivre et mourir, il élève et abaisse, il honore et humilie, il crée ce qu'il veut et décide ce que lui semble bon...

Ce rituel dure tout le long du trajet depuis Le Caire, sauf pour la dernière semaine où le Roi souhaite garder ses soirées pour lui-même et les savants de la cour qui sont du voyage. Chaque soir, ils repprennent ensemble le commentaire des textes sacrés et approfondissent le sens de ce pèlerinage dont le terme approche.

Le souverain a quitté ses vêtements de cour et revêtu ceux du pèlerin. Il s'agit de deux pièces de coton blanc suspendues à égale distance sur l'épaule gauche ; l'une couvre l'avant et le dos du corps, laissant l'épaule et le bras droit nus ; l'autre, à la façon d'une jupe, couvre le corps depuis les reins jusqu'aux pieds. Le pèlerin porte ce simple vêtement marquant l'égalité de tous, égalité renforcée par le rasage du crâne et l'abandon de tous signes distinctifs, bijoux, talisman, couvre-chef...

LA TERRE SAINTE
MÉDINE – LA MECQUE

Entre Hadiya et Médine, au nord de cette dernière, se rencontrent les caravanes venues du Caire, de Jérusalem, de Bagdad, de Constantinople et des villes lointaines de la Perse. Certaines sont composées de milliers de pèlerins. D'autres ressemblent à de grosses troupes perdues dans cet unique brassage de physionomies, de races, de langues, d'équipements et de comportements. Mais tous, de l'Andalousie à l'Azerbaïdjan, de Niani à Constantinople, ont fait le saint pèlerinage pour répondre à la même nécessité :

« Tourner sa face, en croyant originel, vers celui qui a créé de rien les cieux et la terre[27]. *»*

Leur vraie destination n'est pas Médine, installée dans sa beauté naturelle entre le Mont Ohbod et, de l'autre côté, les rochers monumentaux qui l'enveloppent. Elle n'appartient pas au sens strict du terme aux lieux et aux sites permettant de célébrer les œuvres des prophètes Abraham et Ismaël, de fixer la souveraineté de l'Unique et d'assurer son salut. L'emplacement de ces ablutions de l'âme et la destination de tous les pèlerins se situent encore plus au Sud, à dix jours de route de Médine, à La Mecque où se trouve la *Ka'bah*.

---

27. Coran, VI, 79-80.

Mais peut-on accomplir le pèlerinage sans cet arrêt à Médine où se trouve le tombeau du Prophète Mahomet, le prince des premiers et des derniers, l'Intercesseur des rebelles et des pécheurs, le Messager?

La ville où se rencontrent les caravanes venues du monde entier se laisse voir à distance comme un éden de palmiers, une anomalie plaisante et belle dans l'aridité du désert d'Arabie. Les poètes célèbrent ce contraste qui, selon eux, illustre la difficulté de la vie sur terre et la fécondité de l'autre vie.

Médine partage avec Jérusalem et La Mecque le privilège d'appartenir au trio illustre des grandes villes sacrées. L'*Aksa* de Jérusalem est le legs de Salomon, la *Ka'bah* celui d'Abraham. Ici, à Médine, ce qui est commémoré, c'est la maison du Prophète qui a trouvé refuge dans cette ville en 622, au temps de l'Hégire, et sa sépulture. Ce qui est commémoré, c'est aussi l'enseignement et la prédication faits dans cette ville, et aussi l'illustre descendance du Prophète.

La ville est entourée de hauts murs et d'une forteresse. On accède à l'intérieur par la porte d'Égypte et de là, en ligne droite, on procède jusqu'à la grande mosquée. Tout le long du trajet, un curieux bazar fait de basses boutiques offre des chapelets de perles faits de quatre-vingt-dix-neuf graines, nombre des noms de Dieu, les produits des droguistes et des alchimistes, les objets indispensables pour le pèlerinage, et des tapis de prière reproduisant le tombeau du Prophète, la grande mosquée, des sourates et d'autres textes de prière.

Le Roi a souhaité effectuer un bref arrêt à Médine, une visite privée en quelque sorte, sans protocole et sans rencontre officielle. Mais il ne peut échapper à l'émir

Kubish qui a été informé de sa venue par le Sultan du Caire.

Le Kankan Moussa accueille l'émir de Médine dans son campement et lui fait un don considérable pour le soin des nécessiteux de la ville. Il prend intérêt à cette rencontre, son visiteur s'avérant être un fin connaisseur de l'expansion de la religion du Prophète.

« En moins de dix générations, la religion du Prophète, d'abord circonscrite au territoire de l'Arabie entre le Golfe Persique, la Mer d'Oman et la Mer Rouge, s'est progressivement étendue vers le Nord sur la rive sud de la Méditerranée et jusqu'à la Mer Caspienne, de Makhatchicala à Tripoli en passant par Jérusalem, Damas, Alexandrie.

Dans un second temps, la religion du Prophète s'est enracinée sur la rive nord de la Mer Noire jusqu'à Byzance.

Puis elle a gagné la Mer d'Arak jusqu'à Tachkent au Nord et Hyderâhad au Sud, et plus loin encore jusqu'aux frontières de l'Inde et de la Chine. De Tripoli, elle a gagné Kairouan, Fès, Marrakech et traversé le Détroit de Gibraltar, remonté de Séville à Cordoue, de Tolède jusqu'à Narbonne. Et ce mouvement vers le Nord a été suivi d'une marche vers le Sud, de Kairouan, Fès et Marrakech vers Djené et Niani, vers la côte africaine de l'Atlantique.

Bref, après les avoir empruntées, l'islam contrôle la quasi totalité des grandes routes du monde, du Yémen jusqu'à la Syrie, de Byzance vers l'Inde, vers l'Éthiopie en passant par Le Caire, et de cette dernière jusqu'à Narbonne en passant par Tanger. »

Sur la grande carte offerte au Roi de Niani par l'émir de Médine, l'immensité du territoire de l'islam témoigne de la fécondité de la prédication du Prophète, des impulsions données par ce dernier à une religion conjuguant les enseignements de tous les prophètes, de Jésus et de Mahomet. La langue du livre couvre, pour des raisons évidentes, la même surface.

Le Roi célèbre « *le grain de la guidance* » planté ici, sa croissance voulue par le Très-Haut. En se séparant de l'émir, il récite ces vers :

« C'est un jardin qui vient de prendre en charge
la nuée
Un jardin à la terre fertile, inconnu et fécond. »

Ce soir-là, le souverain avec un grand nombre scrute le ciel dans l'espoir d'y voir une étoile encore jamais identifiée et que Ibn Rochd[28] a découverte à l'occasion de ses observations, depuis une montagne proche de Marrakech, là où la terre se rapproche du ciel.

Salué par l'imam Bahâ Eddin par ces simples mots : « *Que bénie soit ta visite* », le Roi entre dans la mosquée de Médine par la porte Bab Al-Salam dite porte de la paix.

Le temple construit par ajouts successifs sur près de trois siècles n'a rien de remarquable durant le jour. Mais sous l'effet des lampes, des bougies et des torches, le vaste espace se transforme la nuit en un grand vaisseau resplendissant. Le Roi y viendra à cinq reprises comme le veut la tradition. À chaque fois, accompagné et protégé par les eunuques abyssins, gardiens historiques

---

28. Averroès.

du lieu, il se recueille longuement près du tombeau du Prophète, un superbe mausolée à cinq faces fait de marbre rare et décoré d'un cercle d'argent à la hauteur de la tête de Mahomet.

Dans la nuit, le Kankan Moussa s'installe près des tombes qui entourent le mausolée, celle de Fatima, la fille du Prophète, celles aussi de ses successeurs immédiats, les califes Abu Bakr et Omar, le véridique et le judicieux. Il écoute les chants et la lecture du livre saint, émerveillé d'être dans ce lieu fécondé par le Prophète.

Longtemps après son retour à Niani, il dira que Médine lie le mystère de la vie et celui de la mort, les lie et les unifie en quelque sorte.

Là, dans le lieu saint où repose le Messager, la victoire de la vie sur la mort est une évidence, la primauté de l'accomplissement sur l'anéantissement, une même évidence.

Le Roi a souhaité rencontrer le chef de la caravane de Bagdad, la ville du salut dont le rayonnement dans le monde, tant au plan religieux qu'au plan politique, lui est connu. Il a, en effet, accueilli à Niani un visiteur qui lui a fait l'éloge de la ville et de ses monuments, aussi de la *madrasa* d'Al-Mustansir, l'une des plus belles et des plus importantes du monde. Il sait l'importance des travaux scientifiques conduits à Bagdad, et notamment ceux accomplis à la célèbre maison de la sagesse, Bayt Al-Hikmah, où ont été traduits en langue arabe un grand nombre d'ouvrages scientifiques grecs. Mais cette rencontre n'a pu être organisée et le Roi le regrette vivement.

Par contre, il passe un long moment avec des pèlerins de Baït Al Makdiss, la maison du sanctuaire,

Jérusalem, dont le fils du grand prédicateur Imâd Eddin Annâboulssy.

Jérusalem![29]

« *Au jour où chaque âme trouvera étalé ce qu'elle*
    aura fait de bien ou de mal,
Avec ce qu'elle aura fait de mal,
Elle voudra prendre de loin ses distances.
Dieu nous met en garde contre lui-même,
Dieu est tendre à ses adorateurs. »

Tous les hommes présents à Médine, tous les hommes présents dans toutes les villes du monde, tous les hommes de tous les temps se rassembleront à Jérusalem dans la plaine de Sahina, la plaine de la résurrection. Alors s'accomplira la parole :

« *C'est Dieu qui envoie les vents et fait marcher les nuages. Il les pousse vers une contrée mourante de sécheresse puis vivifie la terre après qu'elle est morte. C'est ainsi qu'aura lieu la résurrection*[30]. »

Les visiteurs du Roi lui racontent la célèbre bataille de la reconquête de Jérusalem par Saladin voilà près d'un siècle et demi, le siège de la ville, les pluies de projectiles, la brèche dans les remparts et finalement la reddition des adorateurs de la croix. La négociation aussi qui s'ensuivit. Moins d'un siècle plus tôt, les chrétiens s'étaient emparés de Jérusalem et y avaient commis des massacres atroces. Saladin exigea un tribut de guerre et le départ des infidèles, sans plus.

---

29. Coran, III, 30.
30. Coran, XXXV, 10.

La victoire acquise et consolidée, de grands travaux furent entrepris pour redonner aux édifices leur identité initiale. Ainsi, la grande croix installée sur la coupole de roc fut arrachée, un *minbar* réinstallé dans la mosquée Bayt Al-Maqdir et la prière rétablie.

Le Roi connaît les données de référence qui font de Jérusalem « cette cité vers laquelle tendent les cœurs de tous » ; le transport mystérieux du Prophète, de l'esprit du Prophète, une nuit, de la mosquée de La Mecque à celle de Jérusalem ; l'ascension au ciel du messager de Dieu à partir du roc où il avait posé le pied ; la fureur de Dieu manifestée par un épouvantable tremblement de terre sans équivalent dans l'histoire ; la vallée de Sahira où les damnés font entendre des cris insupportables...

Avant de les remercier, le Roi s'enquiert de la richesse du lieu. Il a été frappé par l'abondance dont on lui a parlé, la beauté du site, la richesse des temples et a cherché longtemps à imaginer ce dôme unique préfigurant la résurrection de tous les hommes.

La réflexion du Roi se concentre, durant cette dernière étape du pèlerinage, sur la question de la nature primordiale, l'*Al Fitrah*, l'objet de sa discussion au Caire avec le Calife Abbasside de Bagdad, ce cœur du cœur de la vérité révélée, cette concordance entre le dessein de Dieu et la nature de l'homme, le crédo d'Abraham, milbat Ibrâhim.

Quelle est donc l'essence de cette adéquation ?

De quelles ressources dispose l'homme pour l'approfondir, la conforter et l'affirmer ?

De quelles forces ou tentations l'homme doit-il se protéger pour se soustraire à toute fissure du lien unique et ainsi marquer sa fidélité à la nature primordiale ?

Quelle est la part propre, la tension, l'*Ijtihad* revenant à chaque être et le mouvement commun, l'*Al Mandhiri*, cette autre dimension, celle-là communautaire ?

Et finalement la question qui hante l'esprit du Roi.

Quelles sont les responsabilités particulières du chef vis-à-vis de la nature primordiale, celles de chacun de ses sujets, celles aussi de tous dans leur situation collective ?

Et celles aussi du chef d'une communauté par rapport à l'ensemble des communautés dont ce pèlerinage lui a permis de prendre une mesure plus juste ?

L'inventaire des révélations faites à Noé, Abraham, Ismaël, Isaac, Jacob, Moïse et Jésus et les prescriptions du Prophète composent une table de références et arrêtent l'ensemble des enseignements indispensables. Mais cet ensemble, si complet soit-il, appelle le consentement de chacun et de tous, consentement consécutif à un approfondissement. Il s'agit d'éclairer la rectitude humaine, d'accueillir le privilège « *de l'intime amitié de Dieu* » à l'exemple d'Abraham[31].

Le Roi a souhaité que soit approfondie cette expression unique « *l'intime amitié de Dieu* ». Elle lui semble définir l'espace de compréhension et d'équation de la nature primordiale comme l'espace de toute vie.

L'expression comporte l'acceptation exaltante de l'existence de Dieu, Unique, Bon et Tout-Puissant, et de l'unique relation de l'homme avec le Très-Haut. Ce dernier est l'Ordonnateur suprême du monde, et sa loi organique, la sagesse créatrice et ordonnatrice. L'homme appartient à cet ordonnancement et à cette loi organique. Il dispose d'une capacité de reconnaître et d'adorer cette sagesse créatrice et ordonnatrice. L'homme appartient à cet ordonnancement et Dieu le rappellera à lui au dernier jour, pour le jugement dernier.

La suprématie de Dieu est absolue. Mais ce Premier inégal est aussi un Protecteur, le seul Protecteur pour qui le reconnaît et le vénère. Alors le mystère du lien se laisse voir, marquant les uns d'une prédilection divine aussi mystérieuse qu'effective. Mais ce seul protecteur est le Juge suprême, Celui qui pardonne, le Miséricordieux.

---

31. Coran, IV, 25.

Alors s'éclaire la nature de l'homme créée par Dieu à son image. Son essence est bien de participer à la science divine qui est science de toute chose. Pour saisir le sens de la vie, telle est, selon les enseignements du Prophète «*l'anse la plus solide*[32]». Certes, le vaste plan d'ensemble concernant la totalité de l'existence échappe absolument à chaque existant dont les déviations et les redressements font varier sa situation de proximité ou d'éloignement dans l'unique disposition du savoir divin. Mais cet invisible a sa correspondance visible, l'ensemble de ce qui «a été créé dans le vrai» et qui peut et doit être reconnu et utilisé par l'homme. Cette reconnaissance et cette utilisation constituent l'ouverture de la vie, la maîtrise de l'âme et du cœur. «*De tout cela il sera demandé compte*[33].»

À l'image de Dieu, l'homme doit exercer clémence, pardon, partage et solidarité à l'endroit de tous et en particulier à l'endroit des «faibles», ceux qui ne bénéficient d'aucune protection. Telles sont les obligations assignées par Dieu à l'homme. Ensemble, elles constituent le fard.

Alors s'éclaire la nature de la vie et de la mort, ce passage d'un monde à un autre où se fixe la rétribution pour la proximité qui vous confirme dans la communion des «craignants Dieu» ou dans la compagnie des «reniants Dieu».

Tout cela, conclut le Roi, délimite une zone d'intervention immense. L'homme est au contrôle de sa vie, de l'ensemble de ses liens au monde et à Dieu. Le Prophète a dissout la croyance en la fatalité si

32. Coran, XXXI, 22.
33. Coran, XVII, 36.

puissante en son temps et a ainsi fondé à nouveau le
lien avec un Dieu Puissant et Bienveillant dont les
desseins passent par le cœur de l'homme, les des-
seins et les volontés !

Cette interprétation péremptoire s'inscrit au cœur
de l'un des plus importants débats philosophiques et
théologiques du temps consacré à la nature et à la volonté
divines et opposant les plus grands esprits et les plus res-
pectables traditions. Le souverain maîtrise les thèses en
présence. Il croit avec Averroès et le Coran qu'il n'y a
rien de comparable à Dieu et que ses attributs ne peuvent
être compris à partir de l'homme. S'agissant de la création, la *Shahada*, le dogme de l'Islam, ne dit rien sur la
création, rien en conséquence sur la prétendue soumission de l'univers au créateur. Il croit avec Averroès que
l'homme est doté de puissances « qu'il peut actionner »
afin d'accéder à un mode d'être se rapprochant d'une
conformité à la volonté créatrice.

Le Kankan Moussa rapproche cette explication de la
nature primordiale des enseignements de son tuteur au
temps de son enfance. Ce dernier lui a en effet enseigné
l'intime union devant exister entre le Dieu Maître Créateur, le *Maa Ngala* et l'homme, le *Maa*. Ce partage d'un
même nom exprime la participation de ce dernier à la
force originelle. Tout le travail de l'homme, tout le sens
de la vie vise à éclairer ce mystère, à construire cette
intime union et à ordonner sa vie en conséquence.

À cette recherche de l'unité métaphysique du
monde et de la vie correspondent des systèmes de relations avec le monde et la communauté humaine. Ces
systèmes concrétisent l'ordonnancement de toute chose
depuis les origines. D'où la gravité de leur ignorance ou

de leur transgression. D'où le profond travail sur soi pour les appréhender et les incarner dans leur totalité et ainsi accéder aux desseins du *Maa Ngala*, le Dieu Maître-Créateur.

Le Roi tire de ces explications du monde des enseignements concordants. L'homme contrôle une zone d'intervention immense : sa vie, aussi l'ensemble de ses liens avec le monde et avec Dieu.

Aussi loin que le regard du Roi peut voir s'impose la majesté de la Baaba, cuve profonde, et son centre, la ville sainte de La Mecque construite autour de la mosquée Al-Harâm.

Rien ne peut distraire le regard dans cette immense vallée nue, sans artifice aucun, ni bosquet, ni arbuste, ni cours d'eau, ni construction sur les versants.

Seuls une longue file de pèlerins portant le même vêtement blanc et, autour de La Mecque, un cercle quasi parfait de milliers de tentes multicolores brisent l'austère majesté du lieu le plus sacré du monde.

Le Roi a souhaité être seul en ce moment unique de sa vie pour contempler le centre de la terre enfin atteint après les joies et les épreuves de la longue route, de Niani à La Mecque.

Dès l'enfance, son maître lui a parlé de ce lieu unique.

Tous les jours de sa vie, comme son père et le père de ce dernier et tant d'autres, ses camarades de confrérie, ses compagnons d'armes, les membres de sa maison, ses suzerains et ses visiteurs, il a fidèlement fixé son corps et son esprit en direction de La Mecque selon les enseignements du Prophète[34].

---

34. Coran, II, 149.

«D'où que tu ailles en expédition, tourne ton visage
du côté du Sanctuaire consacré : c'est le vrai, de par
ton Seigneur...»

Où qu'il se soit trouvé dans le royaume, à l'Ouest
près de la mer, au Sud près des grandes forêts, au Nord
près du désert, à l'Est dans la province de Gao, cette
direction a rythmé ses jours. Il a scrupuleusement respecté cette prescription tout au long du pèlerinage dans
les lieux les plus anonymes et dans les mosquées les plus
célèbres.

Et voilà que se présente à lui cet espace respecté
depuis toujours comme l'ultime destination de l'homme,
celui où le Prophète a reçu les messages ou les révélations de Dieu.

Le Roi s'agenouille et, le front contre terre, rend
gloire à Dieu, l'Unique, le Transcendant, le Créateur, le
Juge, le Miséricordieux.

Ce moment de plénitude appartient à jamais au
mystère de sa vie.

Il n'en parla jamais, sinon des années plus tard pour
dire qu'à ce moment précis, entre le lieu de sa contemplation et la ville sainte au creux de la vallée, il a revu la
même procession qui l'avait tant troublé la veille de son
départ de Niani.

«Je vis mon père et son père et le père de ce dernier
venir en sens inverse du mien et avec eux, des
ancêtres innombrables, des hommes et des femmes
de couleur pâle, des anges et les disciples du
Prophète. Ils étaient légion, tous vêtus de blanc,
l'épaule et le bras droit nus, le regard tourné vers
moi, silencieux et graves. Je me souviens de chaque

visage, de ces regards intenses, de ce passage lent et mystérieux des ancêtres, des témoins du Prophète et des adorateurs d'Allah. »

Je me souvins alors de la parole du plus vieux de mes griots morts durant mon pèlerinage.

« *Louange à Dieu.*
Je prie le Tout-Puissant de vous éclairer,
de vous guider, de vous assister.
Sa bonté est infinie. »

Prenez la route avec confiance. C'est la plus ancienne tradition de notre peuple qui lie le succès du voyage à la qualité des premières personnes rencontrées. Vous irez jusqu'à la ville sainte à la rencontre du Prophète, à la rencontre d'Allah. Votre rêve est garant du bien-fondé de votre entreprise.

Allah est avec vous.

Le Roi se relève lentement et invite immédiatement les personnes de sa suite à se joindre à lui. Dans le silence le plus absolu, ils contemplent ensemble la Mère des Cités.

L e campement royal en impose par ses dimensions, ses coloris francs et sa ceinture de gardes montés sur de superbes coursiers noirs. Une double muraille de toile l'entoure. Ces murailles éphémères sont percées à des endroits différents par de hautes portes dont l'une, réservée au Roi, fait face à l'entrée principale de la ville sainte.

Au centre du campement, une immense tente de *Jif* faite de bandes tissées en poils de chameaux et de chèvres, la tente du Roi, est entourée d'un vaste espace dégagé. Cette dernière commande à l'ordonnancement général du territoire réservé aux pèlerins de Niani. À partir de la tente royale, des sentiers étroits éclairés la nuit par quatre cents torches sont bordés par plus de mille tentes ; tentes de fonction et d'habitation, tente pour les présents apportés de Niani, les cadeaux reçus tout au long du voyage, les réserves de vivres et d'armes. Et ceinturée par un triple mur, la tente du trésor royal, contenant une très importante réserve d'or.

Même ainsi organisé et protégé, le campement royal est rejoint par les clameurs de la ville sainte, celles aussi des multiples autres campements, les trompettes et les tambours annonçant les cinq prières, les appels des *muezzins*, les bruits des bêtes et des hommes aussi, la criée des marchands ambulants cherchant à intéresser la

foule des passants aux trésors venus du monde et mis en
vente aux portes de la ville sainte.

La Mecque est aussi un grand carrefour avec son
marché aux bêtes ; ses souks de tissus pour les hommes,
les animaux, les campements, de superbes gammes de
soie, de laine, de bandes tissées, de motifs de broderie,
de brocard, des vêtements du pèlerin, des coiffes diverses, des hauts turbans aux serre-tête de fourrure, des
Kaffiyes, des ombrelles et des petits parasols luxueux,
des litières communes et d'autres précieuses ; de vastes
étalages de peaux de bêtes et de tapis somptueux, tapis
de cordes, tapis de prière reproduisant La Mecque ou la
sainte mosquée ; des amoncellements d'armes, du poi-
gnard commun produit par les bédouins aux longues
lances ouvragées de Turquie, des djambiya somptueuses
de Perse, des sabres ciselés et des lance-pierres faits de
métal et de cuir du pays de Damas ; de superbes sacs de
selle, des caparaçons massifs, des entraves à chameaux,
des harnais et des manteaux de bêtes ; des sandales
fabriquées sur place avec de longues alènes, des gaines
diverses, des sacoches à talisman, des étuis à Coran ; des
coffres vulgaires et d'autres somptueux avec leurs médaillons d'argent, leurs lanières de cuir, leurs incrustations de pierres ou leurs décorations de fer.

Il y a aussi les échoppes des bijoutiers, des tailleurs,
des brodeurs, des vendeurs de pierres, des fabricants de
chapelets, des écrivains publics, des coiffeurs, des ar-
racheurs de dents, des apothicaires avec leurs fioles opa-
ques et leurs diagnostics définitifs. Et dans tous ces quartiers, tavernes, cantines, et restaurants s'affichent. Dans
de longues maisons fermées où se trafiquent les sauf-
conduits, les protections diverses, les femmes et les
esclaves.

Près de l'étroite porte d'Alma'La, les fabricants et les vendeurs de Corans transcrivent à cœur de jour le message sacré.

Assis par terre, écrivant directement sur leurs genoux ou sur une table basse, les calligraphes manient avec dextérité les plaquettes de coupe d'ivoire, de nacre ou de carapace de tortue et taillent de fins roseaux selon le style recherché, *Farsi*, *Koufi*, *Roga*, *Neskhi*, *Thoulthi*, *Jgaza*, *Diwani*.

Les calligraphes préparent eux-mêmes des encres de couleurs différentes à base de gomme arabique, de noix de galle, de noir de pétrole, de miel et de noyaux de dattes. Chacun conserve jalousement ses recettes anciennes et fait bouillir lui-même les précieux mélanges. À la toute fin, pour obtenir des encres de couleur, on ajoute des écorces de grenade et de la poudre de minium pour le rouge, du vert-de-gris pour le vert, de l'arsenic pour le jaune, un mélange de safran et d'arsenic pour le rouge or, du riz grillé et pilé pour le noir de Bagdad. L'encre dorée émerge d'un mélange complexe de gomme arabique, de jus de citron filtré et de feuille d'or. Pour effacer, on mélange salpêtre de poudre, mesure de soufre blanc et gomme arabique. Les savants mélanges marinent plusieurs jours puis se figent. On les conserve en boulettes, gardées dans la noirceur. On les dilue au moment d'écrire. Alors dans des écritoires de bois, d'ambre ou d'argent, on utilise de fins roseaux ou on en entaille de nouveaux pour transcrire avec respect et beauté la parole divine. Selon la qualité des matériaux retenus, les enlumineurs et les relieurs parachèvent le saint Ouvrage. Certains coffrets valent bien cent chameaux et davantage. Dans l'argent ciselé sont fixés rubis et émeraudes, agates rares et fins coraux, et tenant dans leur étroite surface, de longs rubans d'or et d'argent capables d'encercler le monde.

Les plus anciennes éditions du Coran disponibles sont faites de cuir et de parchemin.

Venu de Chine, le papier, souvent fabriqué par les calligraphes eux-mêmes, a remplacé les antiques supports. On l'enduit de kaolin, de talc ou de blanc d'œuf pour le rendre lisse et peu absorbant.

Dans les arrière-boutiques, on conserve soigneusement les ouvrages anciens et l'amateur cache son émerveillement devant tant de beauté quand on fait apparaître l'abondance des astres, la dimension des mondes, des bêtes étranges et le nom de Dieu figé dans l'or épais.

À l'extrémité Sud, une grande place est réservée aux marchands de grains, de raisins, de légumes, d'épices, d'huile conservée dans de grandes cruches de terre et de paille mélangées, aux vanniers, aux nattiers et aux potiers.

Une fois l'an, ce marché offre tous les produits du monde, des huiles les plus exotiques d'Asie aux fruits séchés et réputés de Bagdad, des agrumes du Maghreb aux raisins de Perse, des épices les plus précieuses de l'Inde aux poissons salés de l'Océan Indien, de l'encens produit sur la côte Est à partir de la résine de Boswallia.

On y trouve aussi un vaste éventail de céramiques, de faïences et de porcelaines ; des vases glacés au décor gravé, des coupes sur piédouche avec inscriptions d'écriture, des aiguières et des vases libatoires aux frises animalières, des gobelets polychromes, des cruchons aux motifs de grains de riz, de superbes albarelles turquoises ou bleu lapis, des lanternes de mosquée aux glaçures translucides, des animaux fidèles et d'autres imaginaires. Et ces beautés, dont certaines sont déjà des antiquités de prix, se retrouvent dans les boutiques de La Mecque après avoir fait le long voyage depuis Sate, Kairouan, Byzance, Le Caire, Boukhara, Tabriz, Damas, Dekkan, Séville, Malaga…

Forts en odeurs, les souks des teinturiers attirent les voyageurs. Là, les danseurs et les charmeurs de serpents s'offrent en spectacle, relayés par des saltimbanques et des musiciens. Derrière cette place s'étendent les faubourgs où s'entassent esclaves, artisans, pèlerins pauvres et caravaniers ruinés. Là se trouve aussi un espace réservé aux messages venus du monde entier. Des équipes d'intermédiaires parcourent l'immense ville de toile en annonçant les courriers reçus et non réclamés.

Enfin, chaque pèlerin, individu ou collectivité, doit acquitter un droit de séjour perçu depuis le temps du Prophète par des shérifs héréditaires, puissants et riches. Ceux-là aussi assurent un service d'ordre musclé, efficace et sans scrupule. Les mêmes shérifs contrôlent les bains publics. Ils possèdent, de plus, de hautes boutiques bien gardées où les pèlerins mettent en consigne, pour vente, chameaux et rubis, esclaves et fines calligraphies anciennes, des places dans les caravanes, des perles du désert et des bijoux coûteux, des Corans de la première génération et des boussoles de Chine.

Bref, depuis des siècles, les notables de La Mecque contrôlent le grand et le petit commerce, les services, le crédit, la sécurité. Dans cette terre désertée, leur génie et le tracé des grandes routes du monde ont fait leur fortune. La décision du Prophète a multiplié les effets de ces conditions anciennes fidèlement conservées et développées.

La Mecque!

Une cité terrestre comme tant d'autres, fiévreuse et sulfureuse. Petites et grandes affaires s'y côtoient. Succès et misère s'y affichent. Obscurité de jour et lumière de nuit s'y succèdent.

Depuis toujours, avant même qu'elle soit reconnue par le Prophète, La Mecque était déjà un grand carrefour marchand et caravanier vers le Yémen, l'Éthiopie, l'Inde au Sud, vers Damas, Gaza, Venise et Byzance au Nord. Et quand les routes de Perse n'étaient pas sûres, alors, les caravanes empruntaient la voie de l'Océan Indien et passaient par La Mecque en direction de Byzance.

Mais plus que toute autre cité terrestre, La Mecque rassemble l'humanité depuis sept siècles, des berges de la Méditerranée à celles de la Mer Rouge, des plages de l'Atlantique à l'Ouest de l'Afrique au bord de la Mer Caspienne, des côtes de l'Océan Indien à la Mer de Trébizonde. De tant de terres bercées par tant de mers, les pèlerins placent dans leur voyage langues et coutumes, armes et vêtements, histoire et puissance. Ils sont l'illustration de l'extrême diversité de la famille humaine.

Mais d'où qu'ils viennent, de leurs continents réels et intérieurs, de leurs guerres et de leurs dissensions, ces millions et millions de pèlerins éclairent leurs routes si différentes d'une même espérance; participer au rassemblement, donner substance et visibilité à l'*Oumma*, illustration et préfiguration de l'unité de la famille humaine. La Mecque est aussi le lieu de l'invocation bénie d'Abraham.

Frères ou ennemis, manants et princes munificents, chacun et tous se dirigent dans un même mouvement et une même obédience vers le Sanctuaire sacré.

Le Roi accueille un grand nombre de visiteurs et quelques marchands de pierres précieuses, de tapis et de tissus rares.

On raconte qu'il acheta un grand tapis représentant la maison du Prophète et deux cents petits tapis de prière représentant la sainte Mosquée.

On raconte aussi qu'il se procura à La Mecque plus de cent cinquante manuscrits contre mille huit cents pièces d'or, des traités d'astronomie fameux et de rares ouvrages de cosmographie qui se retrouvèrent plus tard dans le trésor de Tombouctou.

Il ramena à Niani quatre familles *qoreïchites* de la célèbre tribu du Prophète, et un grand nombre d'hommes de prière et de science dont le célèbre architecte Es Saheli.

Chaque soir, entre les deux dernières prières, il approfondit sa connaissance et sa compréhension de la ville sainte choisie par le Prophète pour illustrer l'alliance entre les hommes et Dieu.

Entre le campement royal et la Mosquée matrice de toutes les mosquées du monde, d'étroites rues sont bordées d'échoppes, d'étalages, de gîtes et d'auberges, de basses maisons offrant purée de fèves, grillades, pains durs sur fond d'odeur d'huile d'olive, de safran, de santal et de sève. Des marchands ambulants aussi, offrant des tapis de prière, une foule dense, des mendiants amputés, aveugles, borgnes, lépreux, jusqu'au grand boulevard conduisant à la Mosquée Haram.

La grande ablution faite, le *ghusl*, celle qui dégage toutes les impuretés causées par les rapports sexuels, obligatoire dans le cas du grand pèlerinage, le Roi peut se rapprocher de la grande Mosquée.

Le cortège du Kankan Moussa traverse la marée humaine jusqu'à la porte d'Achchbeïcah. De là, il se dirige vers la Mosquée au centre de la ville où le Roi est accueilli par le premier Imam de La Mecque. De sa litière, le souverain de Niani observe cette vague humaine. Il la voit se figer à l'appel du Muezzin, se figer, se prosterner, se redresser et se prosterner à nouveau à trois reprises, tous les fronts collés sur le pavé brûlant, puis, dans un même élan, redevenir mobile.

L'Imam Muhammad Ibn Abdallah, qui salue le Roi et le félicite d'accomplir l'un des cinq préceptes fondamentaux du Prophète, le *Hajj*, le saint pèlerinage dont la foi, la *shahadah*, la charité, la *shakah*, la prière, la *salah*, et le jeûne, le *sawm*, sont les piliers complémentaires, est l'un des prédicateurs les plus fameux de son temps, « le phénix de son siècle ».

Vous voici parvenus dans ce lieu saint et unique où le Prophète a reçu la révélation d'Allah.

Aujourd'hui, un titre nouveau, celui de Hajj, s'ajoute à vos qualités nombreuses.

Aujourd'hui, le sens de l'appartenance à l'Oumma vous sera pleinement révélé quand vous aurez contemplé la sainte Ka'bah. Désormais, sa réalité habitera votre propre être et marquera toute votre vie.

Le Roi contemple longuement la lourde façade de marbre de la Mosquée, son portail monumental, ses hautes portes ouvragées. Il se déchausse et se prosterne à deux reprises devant la maison de l'unique Dieu. S'adressant à l'Imam, il dit :

« Je vous remercie de m'avoir rappelé l'essentiel. Depuis longtemps nous avons quitté notre grande maison tendue par l'espérance vécue en ce jour.

Nous voici parvenus dans ce lieu saint et unique où le Prophète a reçu la révélation d'Allah.

Nous sommes venus de l'autre côté du monde, là où la foi, la prière, la charité et le jeûne sont vécus par le plus grand nombre avec intensité.

Le saint pèlerinage ne leur est pas encore accessible.

En leur nom à tous, au nom des générations succes- sives qui, depuis nos terres, ont tourné leur corps et leur esprit vers cette sainte Mosquée et au mien, je reprends solennellement l'invocation de tous les pèlerins :

"Me voici Seigneur devant toi, le Commandant suprême, me voici devant toi."

En prononçant ces mots, j'ai à l'esprit le texte saint :

"Comme nous te voyons tourner et retourner ta face vers le ciel, nous t'orienterons vers une direction qui m'agréera.
Dirige donc ta face vers la Mosquée sacrée[35]."

En raison de votre accueil, je fais don à la Mosquée de cinq coffres de pièces d'or devant être utilisées pour le secours aux pèlerins les plus démunis qui ont et auront besoin d'assistance.

"Me voici Seigneur devant toi, le Commandant suprême, me voici devant toi. »

Le chef des eunuques éthiopiens à la haute *chéchia* violette, le chef de la fameuse corporation des Aghas, gardienne du temple depuis des siècles, invite le Roi à pénétrer dans la grande cour par la porte d'Abraham revêtue de lames d'argent.

Consacrés exclusivement à la maison de Dieu, les castrats de La Mecque sont chargés d'accueillir les voyageurs illustres, d'organiser leur visite à la Mosquée Haram ; aussi, dit-on de séparer les hommes des femmes dans le lieu saint. Au moment où le Kankan Moussa entre dans l'enceinte, un trio de coursiers se détache de

---

35. Coran, II, 144.

sa garde pour aller porter à Niani la bonne nouvelle de l'accomplissement du pèlerinage royal.

Le Roi est saisi par la dimension de la grande cour, la hauteur des galeries sur deux étages avec leurs élégantes arcades, la splendeur de la colonnade faite de quatre cent quatre-vingt-dix colonnes de marbre blanc, les hautes colonnes rouges, les grappes de lampes monumentales, l'immensité du rassemblement des hommes et leur diversité.

Au fond, du côté Sud-Est, il aperçoit la *Ka'bah* et son grand manteau de soie noir, la *Kiswah*, ses médaillons et ses inscriptions d'or. Il reconnaît le vêtement exposé au Caire avant sa transhumance vers La Mecque dans une caravane spéciale selon une tradition séculaire. Carrée, la *Ka'bah* domine le temple immense. Elle est pavée à l'intérieur de marbre nuancé de blanc, de bleu et de rouge. Si elle ne fait pas l'objet d'un culte, elle symbolise la concentration de tous les croyants sur la présence divine.

Une haie de gardes lui permet de s'approcher sans difficulté de la *Ka'bah* et de la contempler à partir de la *magourah*, espace réservé aux visiteurs de marque. Elle lui apparaît immense. Il en fait le tour à sept reprises pour satisfaire au rite du *Tawaf*, s'en approche davantage, la touche de la main droite, se cambre et l'embrasse trois fois, pour ses pères et leurs pères, pour lui-même et pour ses descendants. Puis le Roi s'en éloigne en reculant.

Cette pierre noire touchée et embrassée est un présent de l'Archange Gabriel à Ismaël, le fils d'Abraham, l'ancêtre du Prophète. Elle symbolise l'esprit de la foi et le lien avec Dieu. Il s'agit en fait de quatre fragments attachés l'un à l'autre par une lame d'argent.

Le Roi la contemple longuement puis boit l'eau de la source de Zamzam comme le fit le Prophète sur ces mêmes lieux. L'eau repose dans la grande vasque où, selon la tradition, Abraham gâchait le mortier pour construire la *Ka'bah*.

On conduit le Roi près du grand reliquaire de bronze et de verre contenant la pierre sur laquelle Abraham et son fils se tenaient pour la reconstruction de la *Ka'bah*, aménagée à l'origine par Adam. Dans cette pierre, couleur charbon brûlé, la forme des pieds est inscrite comme une preuve irréfutable.

Le Roi fixe son regard et son esprit sur ce témoignage. Puis il accomplit une prière à deux raka'at pour lui-même et pour tous les siens.

Ici Abraham, « *l'ami de Dieu* », a vécu l'unique lien avec l'Ordonnateur du monde, et il a fait de ce lieu, de cette ville de La Mecque, la destination du grand pèlerinage.

Davantage que la vue et la caresse de la *Ka'bah*, la contemplation de la célèbre relique étreint d'émotion ce fils de l'Afrique venu à la rencontre de son Seigneur.

Le Roi est ensuite conduit vers la coupole où sont conservés des exemplaires fameux du Coran, dont celui attribué à Zaïd, secrétaire principal du Prophète et président de la célèbre commission nommée par le Calife Othman pour la sélection des textes formant ensemble la version officielle du Coran.

À la sortie de la Mosquée Haram, par la porte de Safâ, le Kankan Moussa reçoit un morceau du *kiswah*, présent réservé aux visiteurs illustres, et il se prosterne à nouveau devant la maison de l'unique Dieu.

À l'invitation de l'Imam, le Roi revint à la Mosquée la nuit tombée à l'heure de la prière du soir. Il s'installe à la terrasse du collège Mozharffarien et, de ce lieu unique, il contemple la célèbre *Ka'bah* devenue lumineuse dans l'obscurité du monde.

Les jours suivants, le souverain fait le pèlerinage de la plaine d'Arafat là où Mahomet livra son dernier sermon consacré à l'égalité de tous les hommes. Là, comme tous les pèlerins, il attend le lever du jour, dans ce vaste territoire illuminé de milliers de bougies.

Dans le vent chaud chargé de poussière, il contemple toute une journée le Mont de la Miséricorde. À l'imitation du Prophète, il accomplit le *Wouqouf*, cette halte debout et seul, cette longue méditation qui apporte, dit-on, la perfection dans la connaissance.

Enfin, dernière étape du séjour à La Mecque, le Kankan Moussa accomplit le sacrifice de cent chevreaux à Mina en commémoration du sacrifice d'Ismaël par son père Abraham.

Il prononce lui-même le nom divin au-dessus des animaux rassemblés, souligne que cet abattage est accompli à l'occasion de son pèlerinage, et mentionne les noms de ses frères et sœurs, de ses fils et filles pour qui le sacrifice est accompli. Alors les gorges des animaux sont tranchées, et chaque bête saignée complètement, le sang étant considéré comme une substance liant le corps et l'esprit.

L e pèlerinage est accompli. Le Roi de Niani se retire dans sa tente monumentale, seul avec son vieux griot qu'il a convoqué.

« *Je devrais me tenir devant toi comme l'homme le plus heureux du monde. Nous avons traversé une moitié de la terre sans grande épreuve, mis à part le décès de mon esclave préférée et la perte d'une vingtaine de compagnons.*

Partout, nous avons été accueilli selon notre rang, accueilli, entouré et protégé.

Nous avons observé, à ce dernier sujet, les façons de faire des autres souverains, leurs traditions et leurs travaux. Comme vous aimez à le dire :

"En son temps, nous ferons comme les abeilles tirant de fleurs diverses le même miel."

Nous avons acquis des biens de valeur, des œuvres de grande portée pour le bien-être matériel et spirituel de nos sujets. Durant notre absence, notre royaume a connu paix et prospérité.

Nous avons rencontré des hommes de Dieu et approfondi à leur contact notre compréhension de son message et de sa volonté.

Nous avons poussé loin notre réflexion sur la nature primordiale, tant pour notre vie personnelle que pour notre service de l'autorité et du pouvoir.

Voilà pourquoi je devrais me tenir devant toi comme l'homme le plus heureux du monde, tant notre voyage a touché et nourri notre cœur. Nous savons à tout jamais, comme le dit le texte saint, que "le cœur ne dément pas ce qu'il a vu[36]". Et pourtant, après ces journées inoubliables passées dans la sainte Mosquée, dans la plaine d'Arafat et à Mina, j'ai fait un songe qui endeuille ma joie.

Le Mont de la Miséricorde était entouré d'une vive lumière et le Prophète s'adressant à la multitude plaidait avec passion pour l'égalité de tous les hommes. Soudain, dans la plaine d'Arafat, des milliers et des milliers de pèlerins noirs occupèrent toute la place. La voix du Prophète était éteinte et ses mots sans force. Son visage se chargea de larmes. Au même moment, à Mina, sur le lieu saint du sacrifice d'Ismaël par son père Abraham, j'ai vu ces mêmes pèlerins noirs ligotés, traînés comme des bêtes puis livrés à des chefs de caravanes partant dans toutes les directions du monde. J'ai vu aussi des anges prendre des directions inverses. Puis, j'ai revu tous ces pèlerins noirs dans la grande cour de la sainte Mosquée, toutes portes closes.»

Alors s'est levée dans ma nuit, lumineuse et aveuglante, la table d'Allah, dont la longueur est celle qui sépare le ciel et la terre et la largeur, l'Orient de

---

36. Coran, XXXXX, 11.

l'Occident. Je l'ai vu apparaître et disparaître, semblable à elle-même puis enveloppée de ténèbres et à nouveau source de lumière. J'ai tremblé de tout mon être et ressenti longuement comme une sueur froide au cœur, dont l'oscillation régulatrice déréglée bouleversait le secret de ma conscience.

Enfin, cette multitude de pèlerins noirs rassemblés dans la plaine d'Arafat, je les ai revus près de la Sainte Mosquée portant des masques comme on les voit au Nord du Royaume dans ces cérémonies recréant l'inversion du temps, la fondation de l'espace, l'invention du monde.

Le vieux griot se prosterne devant son Roi et, après un long silence, lui demande l'autorisation de parler.

«Nos fils et les fils de nos fils et leurs fils connaîtront des temps terribles. Ils seront mis hors de l'égalité de tous les hommes. Mais où qu'ils soient, ils garderont dans le cœur et dans l'esprit l'espérance née de votre traversée du monde, et de ce que vous venez de rappeler soit votre accueil selon votre rang. Où qu'ils soient, ils garderont dans le cœur et dans l'esprit l'espérance née de votre pèlerinage.»

Le Kankan Moussa serre contre lui son vieux griot et les deux hommes se jurent de garder un silence absolu sur le songe du Roi au soir de son pèlerinage à La Mecque et à la veille de son départ pour Niani.

Bibliographie[37]

Arts connus et Arts méconnus de l'Afrique Noire, Paris, Paul Tishman, 1966, 135 pages.

Choix de Hadith du Prophète de l'Islam, Beyrouth, Al-Bourak, 1996, 135 pages.

Coran (Le), Traduction et présentation par André Chouraqui, Paris, Laffont, 1990, 1430 pages.

Dictionnaire encyclopédique de l'Islam, Paris, Bordas, 1991, 444 pages.

Dits du Prophète, Paris, Actes Sud, 1997, 143 pages.

Histoire générale de l'Afrique IV, l'Afrique du XIIe au XVIe siècle, Paris, Unesco, Nouvelles Éditions africaines, 1985, 811 pages.

Islam et l'Occident (L'), Marseille, Rivages, 1982, 393 pages.

Islam, la Philosophie et les Sciences (L'), Paris, Unesco, 1986, 161 pages.

Kairouan, Tunis, Agence Nationale du Patrimoine, 1991, 63 pages.

Maghreb médiéval, Lausanne, Jura Book, 1991, 287 pages.

Mauritanie, Terre des Hommes, Paris, Institut du Monde Arabe, 1994, 159 pages.

Médecine au temps des califes (La), Paris, SZ, Institut du Monde Arabe, 1996, 330 pages.

Multiple Jérusalem, Paris, Maisonneuve et Larose, 1996, 618 pages.

Poésie arabe (La), Anthologie traduite et présentée par René R. Khawam, Paris, Phébus, 1995, 491 pages.

Vallée du Niger, Paris, Éditions de la Réunion des Musées nationaux, 1993, 572 pages.

---

37. La présente bibliographie n'est pas exhaustive. Elle comprend uniquement les ouvrages utilisés pour la documentation, les citations et les faits retenus pour la rédaction du *Pèlerin Noir*.

176

ALEXANDRE, Pierre, *Les Africains*, Paris, Lidis, 1981, 608 pages.

AL-GHAZALI, Muhammad, *Telle est notre religion*, Rabat, Isesco, 1994, 294 pages.

AMMAR, S., *Ibn Sina Avicenne*, Tunis, 1992, 157 pages.

BABA KAKE, Ibrahima, *La Saga des peuples d'Afrique*, Paris, Africa Media international, 1983, 140 pages.

BARBEY, B. et Tahar BEN JELLOUN, *Immobile Fès immortelle*, Paris, Imprimerie nationale, 1996, 149 pages.

BERGÉS, Marc, *Les Arabes*, Paris, Lidis, 1983, 702 pages.

BOURGOIN, J., *L'Art arabe*, Paris, Prisse D'Avennes, 1989, 108 pages.

BOUTROS-GHALI, W., *La Tradition chevaleresque des Arabes*, Casablanca, Eddif, 1996, 300 pages.

BURTON, Richard, *Voyages à la Mecque et chez les Mormons*, 1853, Paris, Pygmalion, 1991, 235 pages.

CARRATINI, Roger, *Le Génie de l'islamisme*, Paris, 1992, 786 pages.

CHAMPOLLION, Jean-François, *l'Égypte*, Paris, 1990, 403 pages.

CHEIKH, Anta Diop, *L'Afrique Noire pré-coloniale*, Paris, Présence Africaine, 1987, 278 pages.

CHENEVIÈRE, Alan, *Le Monde arabe et berbère*, Paris, Hologramme, 1990, 246 pages.

CHEVALIER, Jean et GHEERBRANT, *Dictionnaire des symboles*, Paris, Robert Laffont, 1982, 842 pages.

CORNEVIN, Robert dir., *Les Mémoires de l'Afrique*, Paris, Laffont 1972, 640 pages.

CROMBIE, A-C, *The History of Science*, New York, Duver, 1996, 372 pages.

DOODS, E.-R., *The Greeks and the Irrational*. Berkeley, University of California Press, 1959, 308 pages.

DUCCELLIER, Alain, *Chrétiens et Islam au Moyen Âge, VIIe – XVe siècle*, Paris, D. Colin, 1996, 489 pages.

DUPASQUIER, *Découverte de l'Islam*, Genève, Édition des trois continents, 1984, 178 pages.

ETTIN GHAUSEN, Richar, *La Peinture arabe*, Paris, Flamarion, 1977, 209 pages.

FROBENIUS, Léo, *La Civilisation africaine*, Paris, Le Rocher, 1987, 363 pages.

GABRIELI, F. Alfieri, et al., *Le Califat de Bagdad*, Lausanne, Sartec, 1988, 287 pages.

GRAHAR, Oleg, *Penser l'art islamique*, Paris, Albin Michel, 1996, 214 pages.

HAMPÂTÉ BÂ, Amadou Amkoullel, *L'Enfant Peul*, Paris, ACCT-Actes Sud, 1991, 412 pages.

HAMPÂTÉ BÂ, Amadou, *Aspects de la Civilisation africaine*, Paris, Présence Africaine, 1972, 130 pages.

HEROLD, Erich, *Rites et coutumes dans l'art africain*, Paris, Aurore éditions d'art, 1989, 240 pages.

HEDAYAT, Sadech, *Hâdji Aghâ*, Paris, Phébus, 1996, 178 pages.

HOAG, John, *Islamic Architecture*, Milan, Electre, 1973, 197 pages.

HUGOT, Henri et J., BRUGGMANN, *Maroc millénaire*, Paris, Bibliothèque des Arts, 1990, 224 pages.

HUMPHREY, Stéphen, *Islamic History*, Princeton, Princeton University Press, 1991, 401 pages.

IBN, Al-Muqaffa, *Le Livre de Kalilact Dimma*, Paris, Klincksieck, 1980, 347 pages.

IBN, Battûta, *Voyages - I, De l'Afrique du Nord à La Mecque*, Paris, La Découverte, 1997, 477 pages.

_____, *Voyages - II, De La Mecque aux steppes russes et à l'Inde*, Paris, La Découverte, 1997, 469 pages.

_____, *Voyages - III, Inde, Extrême-Orient, Espagne et Soudan*, Paris, La Découverte, 1997, 45 pages.

KANOUTE, Dembo, *Histoire de l'Afrique authentique*, Dakar, Impricap, 124 pages.

KHALIDI, Wahid, *Avant leur diaspora, Une histoire des palestiniens*, Revue d'Études palestiniennes, 1986, 352 pages.

KHAWAN, René, R., *Conte d'Islam*, Paris, l'Esprit des péninsules, 1997, 197 pages.

KHAYYÂM, Omar, *Robâiyât*, Paris, Imprimerie nationale, 1992, 199 pages.

LEWIS, Bernard, *The Arabs in History*, New York, Oxford University Press, 1993, 240 pages.

MASSOUDY, Hassan, *Calligraphie arabe vivante*, Paris, Flammarion, 1981, 191 pages.

178

MAZAHÉRI, Aly, *L'Âge d'Or de l'Islam*, Paris, ACCT-EDDIF, 1996, 407 pages.

MCCALL, Henriette, *Mesopotamian Myths*, Londres, British Museum Publication, 1990, 142 pages.

PARK, Mungo, *Voyage dans l'intérieur de l'Afrique 1795-1797*, Paris, La Découverte, 1980, 355 pages.

PARKER Ann et Neal AVON, *Hajj Paintings*, Washington, Smithsonian Institution Press, 1985, 165 pages.

PETTERS, F. et E. MECCA, *A Literary History of the Muslium Holy Land*, Princeton, Princeton University Press, 1994, 473 pages.

PLOQUIN, P. et F. PEVRIOT, *Maroc, Les Chevaux du Royaume*, Paris, Daniel Briand, 1990, 185 pages.

RAIMBAULT, M. et K. SANOGO, *Recherches archéologiques au Mali*, Paris, ACCT-Karthala, 1991, 563 pages.

ROBINSON, Francis, *Islamic World*, Cambridge, Cambridge University Press, 328 pages.

SHAH, Idriss, *The Way of the Sufi*, Londres, Penguin, 1968, 314 pages.

SCHIENERT, Peter, *Les Trésors de l'Islam*, Munich, I.P.G., 1991, 64 pages.

SIMOËN, Jean-Claude, *Le Voyage en Égypte*, Paris, J.C. Lattès, 1989, 316 pages.

SOUSTIEL, Jean, *La Céramique islamique*, Fribourg, Office du Livre, 1995, 427 pages.

URVOY, Dominique et Rushd IBN, *Averroès*, Paris, Carisript, 1996, 192 pages.

WELPLY, M. et A. SEFRIONI, *Les Civilisations islamiques*, Paris, Casternaux, 1987, 75 pages.

ZEGHIDOUR, Slimane, *La Vie quotidienne à La Mecque, de Mahomet à nos jours*, Paris, Hachette, 1989, 445 pages.

Collection L'Arbre

Romans • Récits • Contes • Nouvelles • Théâtre

L'Aigle volera à travers le soleil — André Carpentier
Amazone — Michel Régnier
L'Amour langue morte — Solange Lévesque
L'Anse-Pleureuse — Claudie Stanké
Avant le chaos — Alain Grandbois
Badlands — Robert Kroetsch
traduction : G.A. Vachon
Le Baron écarlate — Madeleine Ferron
Le Blues de Schubert — Cécile Dubé
Boomerang — Monique Bosco
La Charrette — Jacques Ferron
Clichés — Monique Bosco
Cœur de sucre — Madeleine Ferron
Contes (édition intégrale) — Jacques Ferron
Les Contes de la source perdue — Jeanne Voidy
Contes pour un homme seul — Yves Thériault
D'Amour P.Q. — Jacques Godbout
Dessins à la plume — Diane-Monique Daviau
Des vies et des fleuves — Jean-Louis Roy
Deux solitudes — Hugh McLennan
traduction : L. Gareau-Desbois
La Distraction — Naïm Kattan
Éphémères — Monique Bosco
L'Eldorado dans les glaces — Denys Chabot
Farida — Naïm Kattan
Feux de joie — Michel Stéphane
La Fiancée promise — Naïm Kattan
La Fin des loups-garous — Madeleine Ferron
La Flèche du temps — Ann Lamontagne
La Fortune du passager — Naïm Kattan
Fragments indicatifs — Jean Racine
Les Fruits arrachés — Naïm Kattan
Le Goût des confitures — Bob Oré Abitbol
Guerres — Timothy Findley
Histoires entre quatre murs — Diane-Monique Daviau
L'Homme courbé — Michel Régnier
Les Jardins de cristal — Nadia Ghalem
Le Jeu des sept familles — Monique Bosco

Juliette et les autres	Roseline Cardinal
Lily Briscoe : un autoportrait	Mary Meigs
	traduction : Michelle Thériault
Le Manteau de Rubén Dario	Jean Éthier-Blais
Le Matin d'une longue nuit	Hugh McLennan
Le Métamorfaux	Jacques Brossard
Marées	Audrey Thomas
	traduction : P. DesRuisseaux
Mirage	Pauline Michel
Moi, Pierre Huneau	Yves Thériault
La Nuit des immensités	Huguette LeBlanc
Le Pèlerin noir	Jean-Louis Roy
La Plus ou moins véridique histoire du facteur Cheval et de sa brouette	Pierre Séguin
Popa, Moman et le saint homme	Jean-Paul Fugère
Protrait de Zeus peint par Minerve	Monique Bosco
La Province lunaire	Denys Chabot
Quand la voile faseille	Noël Audet
Remémoration	Monique Bosco
Repère	Joseph Bonenfant
La Reprise	Naïm Kattan
Le Rivage	Naïm Kattan
La Route d'Altamont	Gabrielle Roy
Rue Saint-Denis	André Carpentier
Le Sable de l'île	Naïm Kattan
Sara Sage	Monique Bosco
La Séparation	Jean Simard
Silence, on coupe !	Luc Lussier
Les Sœurs d'Io	Thérèse Bonvouloir Bayol
Souvenirs de Montparnasse	John Glassco
	traduction : J.-Y. Souci
Télétotalité	Jean-Pierre April
Le Temps brûle	Marie-Claude Bourdon
Le Temps sauvage (théâtre)	Anne Hébert
Théâtre : Deux femmes terribles, Marie-Emma, La vertu des chattes	André Laurendeau
Le Torrent	Anne Hébert
La Traversée	Naïm Kattan
Un voyage	Gilles Marcotte
Une mémoire déchirée	Thérèse Renaud